JN255476

# AI vs. 教科書が読めない子どもたち

Artificial intelligence vs. Children who can't read textbooks

新井紀子

東洋経済新報社

# はじめに——私の未来予想図

ＡＩ（人工知能）論議が喧しい。その一冊を世に送り出そうとしている私が言うのは少し変ですけれど、巷間にはＡＩ本が溢れています。

曰く、「ＡＩが神になる」、「ＡＩが人類を滅ぼす」、「シンギュラリティが到来する」——。

そんな扇情的なタイトルを目にするたびに、私は突っ込みを入れています。

「ＡＩが神になる？」——なりません。「ＡＩが人類を滅ぼす？」——滅ぼしません。「シンギュラリティが到来する？」——到来しません。

「東ロボくん」と名付けた人工知能を我が子のように育て、東大合格を目指すチャレンジを試みてきた数学者として、多くの人が人工知能に興味を持つことはとても嬉しいことです。その一方で、たくさんのＡＩ関連書籍が出版され、その多くは短絡的であったり扇動的であったりしていて、その一部が喧伝されることで形作られていくＡＩのイメージや未来予想図が、その実態とかけ離れていることを、私は憂慮しています。

ＡＩは神に代わって人類にユートピアをもたらすことはないし、その能力が人智を超えて人類を滅ぼしたりすることもありません、当面は。当面と言うのは、少なくともこの本を手に取ってくださったみなさんや、みなさんのお子さんの世代の方々の目の黒いうちにはということですが、ＡＩやＡＩを搭載したロボットが人間の仕事をすべて肩代わりするという未来はやって来ません。それは、数学者なら誰にでもわかるはずのことです。ＡＩはコンピューターであり、コンピューターは計算機であり、計算機は計算しかできない。それを知っていれば、ロボットが人間の仕事をすべて引き受けてくれたり、人工知能が意思を持ち、自己生存のために人類を攻撃したりするといった考えが、妄想に過ぎないことは明らかです。

ＡＩがコンピューター上で実現されるソフトウェアである限り、人間の知的活動のすべてが数式で表現できなければ、ＡＩが人間に取って代わることはありません。後で詳しく説明しますけれど、ＡＩに神様になってほしいと思う人たちには残念なことかもしれませんが、今の数学にはその能力はないのです。コンピューターの速さや、アルゴリズムの改善の問題ではなく、大本の数学の限界なのです。だから、ＡＩは神にも征服者にもなりません。シンギュラリティも来ません。

なんだ、じゃ、ＡＩに仕事を取られて失業するっていうのは嘘か。安心した――。もしかして、そう思われましたか。残念なことに、私の未来予想図はそうではありません。シンギュラリティは来ないし、ＡＩが人間の仕事をすべて奪ってしまうような未来は来ませんが、人間の仕事の多くがＡＩに代替される社会はすぐそこに迫っています。つまり、ＡＩは神や征服者にはならないけれど、人間の強力なライバルになる実力は、十分に培ってきているのです。「東ロボくん」は、東大には合格できませんが、ＭＡＲＣＨレベルの有名私大には合格できる偏差値に達しています。

ＡＩ楽観論者の人たちは、ＡＩに多くの仕事が代替されても、ＡＩには代替できない新たな労働需要が生まれるはずだから、余剰労働力はそちらに吸収され、生産性が向上し経済は成長すると主張しているようです。チャップリンの「モダン・タイムス」の時代にホワイトカラーが誕生したように、これまでになかった仕事が生まれるのだと言うのです。本当でしょうか。私は悲観しています。

「東ロボくん」のチャレンジと並行して、私は日本人の読解力についての大がかりな調査と分析を実施しました。そこでわかったのは驚愕すべき実態です。日本の中高校生の多くは、詰め込み教育の成果で英語の単語や世界史の年表、数学の計算などの表層的な知識は豊富かもしれませんが、中学校の歴史や理科の教科書程度の文章を正確に理解できないということがわかったのです。これは、とてもとても深刻な事態です。

英語の単語や世界史の年表を憶えたり正確に計算したりすることは、ＡＩにとって赤子の手をひねるようなことです。一方、教科書に書いてあることの意味を理解するのは苦手です。その理由は本編で詳しく説明します。

あれ、日本の中高校生と同じなのでは？――そう思われましたか。そうなのです。現代日本の労働力の質は、実力をつけてきたＡＩの労働力の質にとても似ています。それは何を意味するのでしょうか。

ＡＩ楽観論者が言うように、多くの仕事がＡＩに代替されても、ＡＩが代替できない新たな仕事が生まれる可能性はあります。しかし、たとえ新たな仕事が生まれたとしても、その仕事がＡＩで仕事を失った勤労者の新たな仕事になるとは限りません。現代の労働力の質がＡＩのそれと似ているということは、ＡＩでは対処できない新しい仕事は、多くの人間にとっても苦手な仕事である可能性が非常に高いということを意味するからです。

では、ＡＩに多くの仕事が代替された社会ではどんなことが起こるでしょうか。労働市場は深刻な人手不足に陥っているのに、巷間には失業者や最低賃金の仕事を掛け持ちする人々が溢れている。結果、経済はＡＩ恐慌の嵐に晒される――。残念なことに、それが私の思い描く未来予想図です。

実は、同じようなことはチャップリンの時代にも起こっています。ベルトコンベアの導入で工場がオートメーション化される一方、事務作業が増えホワイトカラーと呼ばれる新しい労働階級が生まれました。でも、それは一度に起こったことではありません。タイムラグがありました。大学が大衆化し、ホワイトカラーが大量に生まれる前に、多くの工場労働者が仕事を失い、社会に失業者が溢れました。それが、20世紀初頭の世界大恐慌の遠因となりました。

その時代、ホワイトカラーという新しい労働需要があったのに、なぜ失業者が溢れたのか。答は簡単です。工場労働者はホワイトカラーとして働く教育を受けておらず、新たな労働市場に吸収されなかったからです。

ＡＩの登場によって、それと同じことが、今、世界で起ころうとしています。そうならないために、数学者として、今、できることは何か。それは、実現しそうにない夢のような未来予想図を喧伝することではなく、現実的に、今、起ころうとしていることを社会に伝えることだ。その強い想いから、筆を執ることにしました。

数学の常識として、シンギュラリティが起こり得ないことを説明するために、少し難解な数学の話も書きます。が、なるべく多くの人にご理解していただけるようにわかりやすく説明する努力をしました。最後までおつきあいくださいますよう、お願い申し上げます。

## 第2章 桜散る——シンギュラリティはSF

## 第3章 教科書が読めない——全国読解力調査

## 第4章 最悪のシナリオ

# 第1章

# MARCHに合格

## ——AIはライバル

# ＡＩとシンギュラリティ

## ＡＩはまだ存在しない

ＡＩについてのお話を始める前に、ＡＩやシンギュラリティに関連する議論の行き違いを防ぐために確認しておきたいことがあります。一つは、実は「ＡＩはまだどこにも存在していない」ということです。ＡＩはartificial intelligenceの略です。一般的な和訳は人工知能で、知能を持ったコンピューターという意味で使われています。

人工知能と言うからには、人間の一般的な知能とまったく同じとまでは言わなくても、それと同等レベルの能力のある知能でなければなりません。基本的にコンピューターがしているのは計算です。もっと正直に言えば四則演算です。言い換えると、人工知能の目標とは、人間の知的活動を四則演算で表現するか、表現できていると私たち人間が感じる程度に近づけることなのです。

人工知能の実現には2つの方法論があります。逆に言うと2つしか方法論はありません。

一つは、まず人間の知能の原理を数学的に解明して、それを工学的に再現するという方法でしょう。もう一つは、人間の知能の原理はわからないけれど、あれこれ工学的に試したら、ある日、「おやっ！　いつの間にか人工知能ができちゃった」という方法です。

前者は原理的に無理だと、多くの研究者が内心思っています。なぜか。人間の知能を科学的に観測する方法がそもそもないからです。自分の脳がどう動いているか、何を感じていて、何を考えているかは、自分自身もモニターできません。文を読んで意味がわかるということがどういう活動なのかさえ、まったく解明できていないのです。脳にセンサーを埋め込んでも残念ながらわかりません。センサーでモニタリングできるのは電気信号や血流などの物理的な動きだけです。しかも、それすら、動物実験でさえ厳しく制限されている現代に、健康な人の脳に直接センサーを埋め込むことなど到底許されません。「こういう原理で動いているのではないか？」という仮説を立てても、測定結果と比較して妥当性を検証しなければ話になりません。人間の知的活動をリアルに測定する方法がないのですから、人間の知能の科学的解明というスタートラインにすら立てないのです。

後者はどうでしょうか。後者の方法で人工知能が実現できるという立場の人は、飛行機の例をよく持ち出します。飛行機が飛ぶ原理は数学的に完全に解明されているわけではない。けれども実際に飛行機は飛んでいる。だから——この「だから」は非論理的ですが

――、人工知能もそうやって工学優位で実現されるに違いない。数学者は、実現したあとで好きなだけ時間をかけて「なぜ脳はそのように動くのか」を解明すればよろしいという議論です。その可能性を全否定はしません。ただし、銀河系のどこかに地球のような星があって、私たちよりも知的に発達した生物がいるかもしれない、ということを否定できないのとあまり変わりはありません。

ただし、断言できることもあります。今盛んに研究されている「ディープラーニング」などの統計的手法の延長では人工知能は実現できません。後に詳しく説明しますが、それは「統計」という数学の方法論そのものに、ある限界があるためです。

そのようなわけで、今後も、遠い未来はともかく、近未来に人工知能が誕生することはありません。にもかかわらず、巷間にはＡＩという言葉が氾濫しています。かく言う私も、気軽にＡＩという言葉を使っている一人です。

なぜ、そのようなことになってしまったか。その理由は、「ＡＩ」という言葉と「ＡＩ技術」が混同して使われているからです。ＡＩ技術というのは、ＡＩを実現するために開発されているさまざまな技術です。近年よく知られるようになったのは、音声認識技術や自然言語処理技術、画像処理技術です。Ｓｉｒｉ（シリ）はご存知ですよね。スマートフォンに話しかけるといろんなことを教えてくれるあれです。Ｓｉｒｉには音声認識技術と自然言語処理技術が使われています。後で詳しくお話ししますが、ここ数年で画像認識技術が向上し、「ＡＩはついに視覚を手にした」などと言われています。他にも音声合成技術やネット検索でお馴染みの情報検索技術、文字認識技術など、長年研究が続けられてきたさまざまな技術の革新で、ＡＩ技術は格段に発達しました。

今では、そのようなＡＩ技術を総称して単にＡＩと呼ぶようになっています。それが遥か遠く、訪れるかどうかもわからない先にあるとしても、ＡＩはＡＩ技術開発の先にあるゴールですから、一般社会では厳密に区別することにあまり大きな意味はなさそうだし、なにより、いちいちＡＩ技術と言うのはまどろっこしい、だからＡＩとＡＩ技術は区別なく使われているのだと思われます。この本でたびたび登場してくることになる「東ロボくん」というＡＩも、正確にはＡＩ技術です。

なぜ、本編の最初にこんなどうでもよいようなことをお話ししているかというと、ＡＩとＡＩ技術を混同することには弊害があると思うからです。スマートフォンやお掃除ロボットのルンバを例に挙げるまでもなく、ＡＩ技術はすでに私たちの日常生活のパートナーとなっています。それを、私たちはＡＩと気軽に呼んでいます。ＡＩ技術をＡＩと呼ぶことで、実際には存在しないＡＩがすでに存在している、もしくは、近い将来に登場するという思い違いが生じています。結果、近未来社会では人間の仕事が「すべて」ＡＩに代替されるというような誤解を生み、実際に多くの場面で、その誤解を前提にした議論が交わされるという状況が生まれています。前提が間違っているのですから、その議論が正しい結論を導き出すことはありません。それが弊害だと思うのです。

ですから、この本では今後、ＡＩとＡＩ技術は厳密に区別して記述します。とは言っても、ＡＩ技術をいちいちＡＩ技術と表記すると、読者の方はまどろっこしいと思われるかもしれないし、社会一般の感覚ともかけ離れてしまう危険性があるので、ＡＩ技術のことは世間に倣って「ＡＩ」と表記します。そして、本家のＡＩのことは、「真の意味でのＡＩ」と言うことにします。

## シンギュラリティとは

ＡＩに関連する言葉として今一番人々の関心を集めているのはおそらくシンギュラリティ（singularity）でしょう。果たしてシンギュラリティは来るのか来ないのか——、などと使われています。数学やＡＩの専門家ではない人々が議論するときには、シンギュラリティは、〈「真の意味でのＡＩ」が人間の能力を超える地点〉といったような意味で語られていることが多いようです。とても漠然としています。そのために、ＡＩがチェスの世界チャンピオンに勝ったとか、プロ棋士が囲碁のゲームソフトに負けたといったセンセーショナルなニュースを耳にすると、コンピューター（ＡＩ）が人間の能力を超える、つまり、シンギュラリティが近い将来に訪れるという言説が、リアリティを持って受け止められてしまいます。特に、２０１７年に佐藤天彦名人を将棋ソフトポナンザが破ったというニュースは日本人に衝撃を与えました。その結果、ＡＩに過剰な期待がふくらんだのではないかと思います。それが、シンギュラリティ到来への不安を増幅させています。

けれども、将棋ソフトがプロ棋士に勝つことと、真の意味でのＡＩが人間の能力を、あるいは知能を超えることとはまったく別次元のことです。そもそも、「人間の能力を超える」ということがどういうことなのか、よくわかりません。

シンギュラリティのもともとの意味は非凡、奇妙、特異性などですが、ＡＩ用語では正確には technological singularity という用語が使われ、「技術的特異点」と訳されます。それは、「真の意味でのＡＩ」が、自律的に、つまり人間の力をまったく借りずに、自分自身よりも能力の高い「真の意味でのＡＩ」を作り出すことができるようになった地点のことを言います。１未満の数はいくら掛け算しても１より大きくなることはありません。それどころか、無限に繰り返すと限りなくゼロに近づいていきます。けれども、１・１でも１・０１でも、１・００１でも、１を少しでも超える数は、掛け算を続けていくと無限に大きくなっていきます。「真の意味でのＡＩ」が自分自身よりも少しでも能力の高い「真の意味でのＡＩ」を作り出せるようになれば、それをものすごいスピードで繰り返し続けることで、無限の能力を持った「真の意味でのＡＩ」が生まれるのではないか。だから（この「だから」は非論理的ですが）、「真の意味でのＡＩ」の能力が劇的に向上するその地点をシンギュラリティと呼ぼう、というわけです。そのようなコンピューター（「真の意味でのＡＩ」と書くのに疲れました）は当然、なんだかよくはわからないけれども、人間の能力を上回るに違いないと信じる人々が一定数いるのです。

数学者として、私は「シンギュラリティは来ない」と断言できますが、その理由は後に譲るとして、この本でシンギュラリティと言うときには、ＡＩがいくつかの分野において人間の能力を上回るという意味ではなく、厳密な意味での「技術的特異点」という意味で使うことにします。

# 偏差値57・1

## 東大合格ではありません——「東ロボくん」プロジェクトの狙い

ご存知の方もいらっしゃると思いますが、私は2011年に「ロボットは東大に入れるか」と名付けた人工知能プロジェクトを始めました。当時、国内には他にＡＩの大規模プロジェクトはありませんでした。10年計画なので今は中間地点を超えてさらに進んだところです。お陰様で、プロジェクトは「東ロボくん」の愛称でメディアに大きく取り上げられ、多くの人に知られることになりました。2016年2月には Netexplo Award という名誉ある賞もいただきました。Netexplo は世界中のＩＴのプロジェクトの情報を収集・分析している組織で、数千に及ぶＩＴ系のプロジェクトから毎年10件を選定して表彰しています。

それ自体はとても嬉しいことなのですが、実は、困ったこともあります。ロボットが東大合格にチャレンジしているという情報が、結果として、ＡＩは東大入試に合格できるレベルまで達している、あるいは達する可能性が高いという、間違ったメッセージを社会に発信してしまうことになったからです。

プロジェクトの検討を始めたとき、私を含めた関係者の中に、近い将来にＡＩが東大に合格できると思う人は一人もいませんでした。それはスタートから6年を過ぎた今も同じです。ですから、当初は東大に合格できるＡＩを作れるはずがないという理由で、研究参加に難色を示す同僚が少なくありませんでした。でも、私は東大に合格するロボットを作りたかったのではありません。本当の目的は、ＡＩにはどこまでのことができるようになって、どうしてもできないことは何かを解明することでした。そうすれば、ＡＩ時代が到来したときに、ＡＩに仕事を奪われないためには人間はどのような能力を持たなければならないかが自ずと明らかになるからです。そのために、「ロボットは東大に入れるか」を、ＡＩのさまざまな技術とその研究者の粋を結集させて検証しようと思いました。

私は研究に参加してほしいと思った研究者たちを説得しました。

「もちろん、ＡＩが東大に合格する日はやって来ないでしょう。でも、一方で、センター入試の答案を埋めるだけで合格できる大学はたくさんあります。東ロボくんはきっと3年でどこかの大学には合格できる。毎年偏差値は上がっていく。そのうち、優秀な高校生が第一志望にするような有名大学にも合格するようになるでしょう。その様子を毎年公開して、ＡＩとは何か、ＡＩには何ができて何ができないのかを示し、多くの人に実感してもらいたい。ＡＩの実像を正確に示した上で、ＡＩと共存することになるこれからの社会にどのように備えていく必要があるか、さまざまな立場にある人が考える材料を提供するという意味で、東ロボくんは日本にとって是非とも必要なプロジェクトだと思うのです」――。

今、私がこの本を書いているのも、まったく同じ理由からです。

## 東ロボくんがＭＡＲＣＨに合格したらどうなるか

スタートから7年が経過し、東ロボくんは私が予想したとおり「成長」してくれました。初めて〝受験〟した２０１３年の代々木ゼミナールの「第1回全国センター模試」では、５教科７科目９００点満点の得点は３８７点。全国平均の４５９・５点を大きく下回り、偏差値は45でした。ところが3年後の２０１６年に受験したセンター模試「２０１６年度進研模試 総合学力マーク模試・6月」では、5教科8科目９５０点満点で、平均得点の４３７・８点を上回る５２５点を獲得し、偏差値は57・1まで上昇しました。

偏差値57・1が何を意味するのか、合否判定でご説明します。全国には国公立大学が１７２あります（模試時点での大学コード発番数）が、東ロボくんはそのうち23大学の30学部53学科で合格可能性80％の判定をいただきました。思わず、ガッツポーズがでるレベルです。私立大学は584校あります。短期大学は含みません。そのうち512大学の1343学部2993学科で合格可能性80％です。学部や学科は内緒ですけれど、中にはMARCH（明治大学、青山学院大学、立教大学、中央大学、法政大学）や関関同立（関西大学、関西学院大学、同志社大学、立命館大学）といった首都圏や関西の難関私立大学の一部の学科も含まれていました。両拳を突き上げたくなるレベルです。

さらに、将来の2次試験受験に備えて、数学と世界史の2科目だけ記述式の模擬試験にも挑戦してみました。駿台予備学校の「東大入試実戦模試」と代々木ゼミナールの「東大入試プレ」です。どちらも東大合格を目指す全国の優秀な受験生が受験する模試です。「2015／2016第1回東大入試実戦模試」の世界史の問題の一つは、西欧とアジアの国家体制の変遷について600字以内の論文を書く難問でした。この問題で、東ロボくんは配点21点中9点を獲得し、受験生平均の4・3を大きく上回り偏差値61・8を獲得しました。東ロボくんに拍手。さらに、「2016年度第1回東大入試プレ」の数学〈理系〉の問題では6問のうち4問に完答し、偏差値は76・2。全受験者のトップ1％に入る成績です。東ロボくんに拍手喝采。

余談ですが、2016年秋、東ロボくんは「身体」を持つことになりました。身体といってもアームだけですけれど、記述式の解答用紙にペンを持って解答を書くことができるようになったのです。

模擬試験を受験するといっても、東ロボくんは一般受験生と一緒に試験会場で受験しているわけではありません。東ロボくんには視覚がありませんから、問題文はデジタル化して入力します。解答も以前はデータとして出力していたのですが、折角なら解答が書けるようにしましょうと、自動車部品の総合メーカーのデンソーさんが、ロボットアームを作ってくださいました。因みに、東ロボくんにカメラをつけて、問題文を自力でデジタル化させるのも、文字認識技術が発達した現在、技術的にさほど難しくはないでしょう。けれど予算には限りがありますから、頭を鍛えることを優先しているのです。

模試で好成績を収めたといっても、もちろん、東ロボくんの成長を自慢しているのではありません。それほど親バカではありません。何を申し上げたいのかと言うと、ＡＩがＭＡＲＣＨや関関同立の合格圏内に入ったという事実につきます。その事実が何を意味するか考えてみてください。東ロボくんは大学を受験する、正確に言うと模擬試験の問題を解くだけですが、グーグルやヤフーやその他さまざまなグローバル企業や研究者が血眼になって開発を進めているＡＩは、もの凄い勢いで私たちの日常生活に浸透し始めています。すでに、人間に代わってＡＩに仕事をさせている企業も出現しました。今後はその傾向に拍車がかかります。つまり、ＡＩは労働力として今後、私たちのライバルになる可能性が高いのです。そのライバルがＭＡＲＣＨや関関同立に合格できるとしたらいかがですか？そのとき私たちの社会はどのように変容するのでしょうか？

これはこの本の大きなテーマですが、それをお話しする前に、東ロボくんは、あるいはＡＩはなぜＭＡＲＣＨに合格できるのか。ＡＩの進化の歴史と最新技術について、お話ししておきたいと思います。

# ＡＩ進化の歴史

## 伝説のワークショップ

世界で最初にＡＩという言葉が登場したのは１９５６年のことでした。アメリカ東部のダートマスという町で開催された、ＡＩ研究者の間では今や「伝説」と言い伝えられているワークショップで「人間のように考える人工物」という意味でその言葉が使われました。

そのとき発表され人々を驚かせたのは、世界初の人工知能プログラム「ロジック・セオリスト」のデモンストレーションでした。ロジック・セオリストは自動的に数学の定理を証明するプログラムです。いわば、数学を解く東ロボくんの祖先にあたります。コンピューターがまだ巨大な装置だった時代の話です。ハードウェアが改良され計算速度が増したときには、その圧倒的な計算力によってコンピューターがいずれ人間の能力を凌駕する日が来るのではないか。そんな熱狂が沸き起こりました。そのワークショップを機に、野心的な研究が次々に行われました。第1次ＡＩブームと呼ばれる時期で１９５０年代後半から１９６０年代まで続きます。

その時期に多くの研究者が取り組んだのは、推論と探索により問題を解く研究です。複雑な迷路やパズルを解くことに研究者は熱中し、それを実現させました。これは「プランニング」と呼ばれるＡＩの原型で、その延長線上にチェスの世界チャンピオンに勝って世界を驚かせたディープ・ブルーが生まれることになります。けれども、推論と探索では迷路やパズルが解けただけでした。この方法では、病気を診断し治療法を提示したり、経済状況や社会情勢を分析してヒットしそうな新商品を提案したりといった、迷路やパズルとは比較にならないほど複雑な事象が絡み合う現実の問題を解決することは期待できませんでした。

チェスや将棋のルールのようにある限定された条件の下では、推論と探索はその並外れた計算力で力を発揮することはできても、条件が簡単には限定できない現実の問題を前にすると、推論と探索だけでは無力であることが明らかになったのです。これは「フレーム問題」と呼ばれる今なおＡＩ開発の壁となっている課題の一つです。結果、ＡＩへの過剰な期待は急速に萎(しぼ)み、研究は社会から見向きもされなくなりました。

この時期には対話システムの研究も始まっています。１９６４年に開発された「ＥＬＩＺＡ」という対話システムは、「頭が痛い」と入力すると、「どうして頭が痛いの？」とコンピューターが訊き返してくるといった単純なやりとりをするだけのシステムでしたが、対話システムという発想はＬＩＮＥやツイッター上のボットに繋がり大きく開花することになる研究の種となりました。

## エキスパートシステム

１９８０年代にＡＩ研究は新たな時代に入ります。第2次ＡＩブームの到来です。この時期には、コンピューターに専門的な知識を学習させて問題を解決するというアプローチが全盛を迎えました。どんな問題でも解ける万能型のＡＩではなく、ある問題に特化したＡＩを作ろうとしたのです。エキスパートシステムと呼ばれる実用的なシステムがたくさん試作されました。たとえば、コンピューターに法律の知識を学習させた上で、あらかじめ決めておいたルールの下で推論と探索を行い、たとえば弁護士のようなその分野のエキスパートのように振る舞うことができるシステムです。

けれど、エキスパートシステムはすぐに壁にぶつかります。少し考えればわかることですが、たとえば、法律家は法律や判例だけの知識で仕事をしている訳ではありません。法律相談にのったり裁判を闘ったりするときには法律を包み込んでいる社会の規範や常識、あるいは人間の感情といったものを総合的に判断して最善策を考えています。エキスパートシステムには、その常識とか人の感情についての知識が難問でした。法律や判例は詰め込むことができても、常識や、さまざまな状況で喚起される人の感情といったものをコンピューターに学習させるのは至難の業だったのです。

もう一つ例を挙げると、医療の診断のエキスパートシステムでは、曖昧な表現や数値化できない表現が難敵でした。たとえば、患者がお腹がしくしくと痛むと訴え、それを入力したとしても、それが理解できません。お腹とは胃なのか小腸なのか大腸なのか、それともお腹の付近にある別の臓器なのか、定義のはっきりしない入力には対応できませんでした。痛みも難題です。痛みは客観的に測ることができず数値化できないからです。

エキスパートシステムにはその他にもさまざまな課題がありました。先に触れた常識のように文字になっていない知識もその一つです。体系づけられた専門書がなく文字になっていない知識は、専門家にインタビューして知識を体系づけた上で言語化し、それをコンピューターに学習させなければならず、そのための労力が膨大なものとなります。しかも、そのように膨大な時間と資金を費やしても、常識や曖昧な表現の壁に跳ね返され、実用に耐えられるシステムが作れるとは限りません。その他にも超えることができないさまざまな課題に阻まれ、エキスパートシステムの開発意欲は急速に萎んでしまいました。こうして、人がコンピューターに知識をいちいち教えて問題を解決しようとした1980年代の第2次AIブームは、問題を解決するために必要な知識を記述することの困難が明確になるにつれ、下火になっていきました。

そして、第3次AIブームと呼ばれているのが、今私たちが生きている時代です。1990年代半ばに検索エンジンが登場し、以降、インターネットが爆発的に普及しました。2000年代にはインターネットの世界が加速度的に広がりかつ深まり、ウェブ上に大量のデータが突如として増殖したのです。そこで「機械学習」という20世紀からあったアイデアに注目が集まりました。それが、2010年代の半ばに燃え上がった現在の第3

次ＡＩブームの火付け役になったと言えます。そして、その火に油を注いだのが、機械学習の一分野であるディィープラーニングでした。

## 機械学習

第2次までのＡＩブームでは、私たちの「考え」というものは論理に基づいていると考えられていました。「ＡならばＢが正しく、ＢならばＣが正しいとき、ＡならばＣが正しい」という三段論法の積み重ねこそが思考の基本だという考えです。けれども、それだけでは、なぜ犬と猫を見分けられるのか、イチゴを見たときにイチゴだと思うのかをうまく説明できません。三段論法を使いそうにない犬でも、犬と猫を見分けられるでしょうから、人間のすべての判断が論理に基づいていると決めつけることには無理があります。

そこで、新しい考え方が導入されました。機械学習という統計的な方法論です。

イチゴが「イチゴだ」とわかるためには辞書、つまり論理は無力です。いくら「イチゴ」の項目を読んでもわかるようになりません。実際にイチゴを見て、「これがイチゴだよ」と誰かに教えてもらう必要があります。それと同じようなことが機械（ＡＩ）でもできないか、という発想です。

先述のように、ＡＩは課題の枠組み（フレーム）を決めないとうまく働かないため、まず明確に課題を設定します。たとえば、当面の目標を、「物体検出」としましょう。ＡＩに写真を「見せる」と、そこに何が写っているかを高精度で判断する課題です。イチゴが写っている写真を見せたら、「イチゴがここに写っています」と答えられるようにしようということです。

イチゴには、円錐に近い形で色は赤、表面に細かい凹凸があり、光を当てるとつややかに光るといった特徴（要素）があります。けれども、よく観察するとイチゴは必ずしも円錐形ではないし、十分に熟していなくて赤味の薄いイチゴもあります。人間はそれらをさまざまな経験から総合的に判断して、イチゴであるかどうかを極めて柔軟に判断しています。イチゴをイチゴだと認識するまでに１００万個のイチゴを見る必要がある子どもはいません。10個くらい見ればわかるようになります。が、機械（ＡＩ）にはこの柔軟性はなかなか真似できません。

柔軟性のない機械に、人間並みの物体検出性能を持たせるために必要なもの。それがビッグデータです。どれくらい「ビッグ」かというと、百でも千でもありません。課題にもよりますが、実用を考えた精度を求めると最低でも万、場合によっては億という単位になります。だからこそ、機械学習の実用化には、デジタルデータがいくらでも低コストで手に入る時代を待たなくてはならなかったのです。しかも、データを集めただけでＡＩが答を出してくれるわけではありません。

まずはさまざまな画像を大量に集めます。そこにはイチゴの画像も大量に含まれていなければなりません。そうでなければ、画像全体の中のイチゴの「統計」をとることはできないからです。ここは重要なポイントです。全体のデータだけでなく、検出したい物体のサンプルも大量に必要です。そうでないと統計はうまく動きません。

次に、ＡＩにイチゴを教えます。そのために、ＡＩに「これがイチゴだよ」と教えるデータを作ります。それを「教師データ」と呼びます。どの画像に何が写っているかラベルをつけたものが教師データです。つまり、イチゴが写っている画像に「イチゴ」というラベルをつけるわけです。画像にはさまざまなものが写っている場合が多いので、画像のどの部分に何が写っているかも含めてラベルをつけます。教師データは基本的には人間が作ります。ですから、教師データを大量に作るにはとてつもない労力と資金が必要です。精度を求めるには、万単位のデータが必要だからです。一般物体検出では、スタンフォード大学の研究グループがイメージネットというデータを整備しました。世界中の研究者がそれを活用して精度を競っています。これでようやく機械学習をする準備が整いました。

デジタルの世界では、画像も「どの位置に、どの色が、どの輝度で写っているか」を

「0、1」で表現します。膨大な「0、1」の列ができます。これをピクセル値行列と言います。その上下左右関係から、どんな要素が写っているかを把握します。種と実の色や輝度のコントラスト、種からできる影など、できる限りの特徴を検出し、それがイチゴであると判断する上でどれほど重要な要素であるかを、イチゴが写っているデータとそうでないデータから数値化します。それぞれの特徴に「重み」をつけるのです。たとえば、実の赤さと緑のヘタとのコントラストの重みは0・7で、種と実のコントラストは0・5というように。重みを調整していく過程を「学習」と呼びます。

機械学習では、コンピューターが与えられたデータを繰り返し学習することで、そのデータの中にあるパターンや経験則、そしてその重要度を自律的に認識します。特に、画像は部品である特徴量の、比較的単純な足し算で表現できます。ここが重要なポイントです。特徴量の総和が大きければ大きいほど、「イチゴらしさ度」が高まり、ある基準を超えるとイチゴだと判断すれば大体当たるのです。

大切なのは、特徴量をどう設計するかです。特徴量が現実世界をうまく反映していれば、判定精度は上がりますが、そうでなければ、データを増やしても精度は上がりません。数年前まで主流だったのは、あらかじめ人間が特徴量を設計する方法です。それは職人技とも言われる世界で、数年がかりでプログラマーが特徴量を設計し、さらに正解率を1%向上させるために1年がかりで設計を調整するというようなことが行われてきました。ただ、人間の直感を頼りにすると、思い込みに惑わされることもあれば、意外な漏れもあります。

## ディープラーニング

熟練工のようなエキスパートが特徴量を設計していた機械学習の効率を画期的に飛躍させたのがディープラーニング（深層学習）です。ディープラーニングでは、どの特徴に目を付けるべきかということ自体を、機械（ＡＩ）に検討させます。マシンパワーをふんだんに使った力技のようなものです。ディープラーニングでは、単純な総和ではなく、特徴量をいくつか組み合わせて、「丸い」とか、「放射状」などのやや抽象的な概念を表し、それがどのように画像に含まれているかを何段階かで判断します。こうすると、直感頼みだった特徴量の設計が自動で最適化できるようになります。実際に、それでディープラーニングは、短期間で物体検出の飛躍的な精度向上を実現したのです。

膨大なデータを解析しようとすると、あまり複雑な計算はできません。けれども、画像には「部分の和が全体」という、「足し算が得意なコンピューター」に有利な性質があります。言語だとそうは問屋が卸しません。「太郎は花子が好き」と「花子は太郎が好き」

では部品が完全に一致しているのに、意味はまったく違ってしまいます。

他にも画像には特異な性質があります。たとえば、イチゴは画像のどこに写っていてもイチゴです。真ん中に写っていたらイチゴだけれど、右上に写っていたらバナナだということはありません。回転しても拡大縮小してもやはりイチゴはイチゴで、解像度を下げてもやはりイチゴです。何を当たり前なことを、と思われるかもしれませんが、ここがとても重要なのです。膨大な教師データを作成しようとすると、普通ならとてつもないコストがかかります。でも、画像の場合は、一枚の教師データを回転したり拡大縮小したりすることで、教師データの数は一気に増えます。業界ではこれを「水増し」と呼んでいます。お得です。

ディープラーニングは、「大量のデータを与えればＡＩ自身が自律的に学習して人間にもわからないような真の答を出してくれる仕組みのことだ」と誤解されていることが多いようですが、そんな夢のようなシステムではありません。一定の枠組み（フレーム）の中で、十分な量の教師データを準備すると、これまで人間が手作りで試行錯誤していた部分も含めてＡＩがデータに基づき調整することで、伝統的機械学習に比べて、低コストでそれと同等か上回る正解率に達しやすいのです。夢のような誤解をすることの危うさを、少しはおわかりいただけたでしょうか。

## 強化学習

機械学習をする上で、特徴量を設計する以上に労力を要するのが教師データの作成であることは前述しましたが、中には教師データなしに完全に機械に任せることができる課題もあります。強化学習はその代表的な例です。数台のロボットカーが数日の学習の結果、ステージに作ったコースの中で衝突することなく動き回るようになるというデモンストレーションをご覧になった方もいるでしょう。コンピューター将棋やコンピューター囲碁でも、コンピューター同士が数秒で対局をこなし、膨大な数の対局を重ねることで勝手に「切磋琢磨」して強くなったという話も聞きます。人間が作る教師データなど、やがて不要になるのではないかという気さえしてきます。

目的や目標と制約条件が記述できる課題では、こうした強化学習による最適化がうまくいくことがあります。自動車に「なるべく早く目的地に到着する」という目標を与え、「障害物にぶつからない」という制約条件を与えて、勝手に試行錯誤させる。すると、最初は衝突したり、動けなくなったりしていたロボットカーが、やがて秩序を維持して動くようになっていくのです。他にも、巨大プラントのエネルギー効率を最適化するというような課題が強化学習に適しています。ただし、強化学習に適していそうなのに、うまくいかない場合もあります。たとえば、大規模災害現場で人命救助をする、というようなタスクでは、単純に「ありうるすべてを可能な限り試しているうちに、いい感じにする」程度では、どうにもなりません。「可能な限り」があまりに多すぎるのです。せめて「物は下に落ちる」のような物理的性質を踏まえて探索しないと解決が難しそうです。

「いつの日か、教師データを作ったり、目的や制約条件を設定したりという作業から人間は解放されますか」とよく尋ねられます。省力化はされるかもしれませんが、完全に解放されることはないと思います。ＡＩやロボットは「人間社会で」役立つように作られる必要があります。「役に立つとは何か」を知っているのは、人間だけです。ですから、人間がなんらかの方法で正解をＡＩに教えなければなりません。

「ディープラーニングは脳を模倣しているのだから、人間の脳と同じように判断できるようになる」との誤解も散見されます。間違っています。「人間の脳を模倣している」のではなく、「脳を模倣して」数理モデルを作ったのです。脳はサルにもネズミにもあります。ネズミが自転車とスクーター、癌と正常な細胞の違いを見分ける保証はどこにもありません。

最近、社会学者の中にも、現実の政治に幻滅してか、「ＡＩに任せたほうがましな政治をするのではないか」と言い放つ人がいます。けれども、ＡＩに「いい感じに政治をしてくれ」と頼むなら、最低限、何が「いい感じ」なのかを数理モデルにして伝える必要があります。エネルギー消費のように数値化できるものは最適化ができますが、「いい感じの政治」を数値化することには無理があります。人の幸福は数値化できないからです。それは数学者として断言できます。現代数学は、幸福の数値化ができるようにできていません。その科学の事実を無視して、ＡＩに判断を任せたなら、人間には想像もつかないような歴史上例がない恐ろしい政治になることでしょう。

ここまではＡＩの歴史をおさらいしながら、多くの人が抱きがちなＡＩに関する誤解を解いてきました。ここから、「ロボットは東大に入れるか」の挑戦の過程で明らかになったＡＩの最前線、つまり、近未来ＡＩの可能性と限界について、詳しくお話ししていきます。

# YOLOの衝撃――画像認識の最先端

## 東ロボくんのTEDデビュー

スキンヘッドに立派な顎髭をたくわえた若者が、黒のTシャツとジーンズ姿で舞台を右に左に機敏に歩き回っている。両手を大きく広げたかと思えば、膝を抱えて縮こまり、また立ち上がったりと忙しい。スクリーンにはリアルタイムでその様子をとらえたパソコンのディスプレイが映し出されている。画面に映った若者は赤いフレームの中にいる。フレームは彼の動きに合わせて左右に動いたり、大きくなったり小さくなったりしている――。

TED（Technology Entertainment Design）のスピーチの一コマです。

2017年4月、私はその光景を舞台袖で見ていました。

「嘘でしょ」

思わず、口にした言葉です。

TEDは「広める価値のあるアイデア」を世界中から集めて、毎年バンクーバーで開催される国際会議です。過去の登壇者には、グーグルの創立者ラリー・ペイジとセルゲイ・ブリン、ジェームズ・ワトソンらのノーベル賞受賞者、ビル・クリントンらが名を連ねています。ウェブ上で公開される講演の再生回数は、数百万から数千万に上り、ボランティアの手で諸言語の字幕もつけられていきます。最先端、極上のプレゼンをリアルタイムで5日間聞くためのチケットは最低でも150万円。それが毎年発売と同時に売り切れるそうです。会場では、スティーブン・スピルバーグやビル・ゲイツらがラフな格好で談笑しています。

2017年のTEDのテーマは「The Future You」で、2日目の午前のセッションのフォーカスはAIとロボット技術。私も講演者の一人として招かれていました。他には、「世界で最も読まれた人工知能の教科書」を世に出したカリフォルニア大学バークレー校のスチュワート・ラッセル教授やボストンダイナミクス社のマーク・レイバートらがいました。

私の演題は「Can a robot pass a university entrance exam?（ロボットは大学入試に合格できるか？）」で、東ロボくんの挑戦についてお話ししました。そうです。今、この本に書いていることをコンパクトにまとめたスピーチでした。

17世紀の東アジアと東南アジア地域での海上交易の繁栄と停滞の変遷とその要因について、東アジアと東南アジア諸国の交易の方針とヨーロッパ諸勢力のこの地域をめぐる動向に留意しながら600字で論じなさい。

東京大学の2次試験の難しさを物語る世界史の大論述の問題です。その答案を解答用紙に記入していく東ロボくんの様子、その意外な仕組み、さらには教育大国日本の中高校生の読解力の実態に聴衆から驚きの声が次々に上がりました。

「大成功だよ、よかった！」と、担当キュレーターのアレックスの熱烈なハグに迎えられた私は、ジンジャーエールで喉を潤しながら、舞台袖のウェイティングコーナーでモニターに目をやりました。そこに、髭もじゃの若者が舞台を動き回る姿が映っていたのです。

## リアルタイム物体検出システム

私の次に登壇した若者の名はジョセフ・レドモン。ワシントン大学の大学院生です。「How computers learn to recognize objects instantly（コンピューターに瞬時に物体を認識させる方法）」という演題で、彼が考案したリアルタイム物体検出システムYOLO（You Only

Look Once）を紹介していました。それは、私に思わず「嘘でしょ」と叫ばせたほどの、驚くべき技術でした。

前述のとおり、ＡＩにはさまざまな分野があります。言語（自然言語）を機械に〝理解〟させようとする自然言語処理、音声を機械に聞き取らせるための音声処理、人の音声を作り出す音声合成、機械が獲得した写真や動画などの画像情報を〝理解〟させる画像処理などが、その例です。それらのうち、特にディープラーニングの恩恵にあずかっているのは画像処理でしょう。

１９９０年代には、猫と犬を見分けるというような基本的な物体認識も「未来永劫不可能だろう」と考えられていました。ましてや「何が、どこに、いくつ」写っているかまで調べ上げる物体検出は「夢の技術」でした。しかし、２０００年代の機械学習、さらにここ数年のディープラーニングにより信じがたいほどに急激に、物体検出の精度は向上しました。それでも、視界の中にどのような物体がどこに現れ、どちらの方向に動いているか、見た瞬間、つまりリアルタイムに正しく認識するには高いハードルがあると考えられていました。一枚の画像に何が写っているかを検出するのに、かなりの処理時間を要していたからです。一画像あたり、ノートＰＣでは10秒以上かかっていました。研究室の中をゆっくりと動く人を追尾するのが精一杯の速度です。

ですが、リアルタイムの物体検出は、自動運転を実用化する上でなくてはならない技術です。道路に飛び出してきたのが、ビニール袋なのか猫なのか、子どもなのか。それを判断するのに10秒かかっていては間に合いません。

レドモンが開発したYOLOは一画像あたり0・02秒で判定します。これまでの500倍近い速さです。これならば、自動運転は実用化へ向け大きく前進するのではないか。聴衆の多くもそう感じたに違いありません。大喝采が巻き起こり、私の叫び声はかき消されました。

それにしても、この驚くべき高速化はどのように実現されたのでしょうか。

## 物体検出システムの仕組み

YOLOが画像処理を高速化できた秘密に迫る前に、物体検出システムについて改めて説明しましょう。

一枚の写真には普通、複数の物体が写っています。誕生会の写真だったら、テーブルを囲む人たちがいて、テーブルにはケーキやろうそく、皿、フォーク、コーヒーカップのようなものが写っている。花も飾られているかもしれないし、背景に小机や電話、ソファの上にはペットの猫、壁のカレンダーまで写りこんでいるかもしれません。写真の主役は何なのか、重要な要素はどれで、どれは重要でないのか。一枚の写真から、人間は一瞬のうちにそれらをいとも簡単に認識します。

コンピューターではそうはいきません。まず、画像のどの辺りに検出すべき物体が写っているのかを認識しなければなりません。かつては、画像の左上の角のエリアから始まって、徐々にフレームをずらしながら、なめるように総当たりでチェックしていました。気が遠くなるほどの時間がかかります。

そこで、検出すべき物体が写っていそうなところに着目するという方法が考案されました。壁はあまり変化がないからパスして、カレンダーが写っている辺りに着目するとか、ソファの上はパスして猫の辺りに着目するといったやり方です。一枚の画像には多くても2000ぐらいしか物体は写っていないと仮定して、まず、検出すべき物体が写っていそうなところを候補として選び、次に、その辺りに何が写っているかを調べていきます。

一枚の画像に2000の物体が写っていると仮定すると、前述したような方法で物体を検出していくにはとてつもない量の計算が必要で時間を要します。画像を見ただけで瞬時にさまざまな情報を読み取ることができる人間の認識とは大きな違いです。

画像を認識するために、コンピューターは行列の計算をしています。高校時代に習ったあの行列です。たとえばこんな計算でした。

$$\begin{pmatrix} 2 & 1 \\ 1 & 3 \end{pmatrix}\begin{pmatrix} 1 \\ 2 \end{pmatrix} = \begin{pmatrix} 2\times1+1\times2 \\ 1\times1+3\times2 \end{pmatrix} = \begin{pmatrix} 4 \\ 7 \end{pmatrix}$$

行と列の数が少なければあっという間の計算ですが、行列が巨大になると、膨大な計算量になります。スパコンを使っても、量子コンピューターの時代になっても、コンピューターができるのは基本的には四則演算だけです。この行列の中に、画像のどのピクセルに何色がどんな輝度で写っているかという情報や、ディープラーニングによって導き出した「イチゴ度」「ろうそく度」などを計算するための重み付けの情報が詰め込まれています。

リアルタイムで物体検出をするため、つまり、計算時間を短縮するためには、足し算や掛け算をする行列の大きさを劇的に小さくするか、計算効率を上げるしかありません。当然、両睨みで研究は続けられてきました。たとえば、大きな行列を情報を失わせずに小さな行列で表現し直すという数学の技法があり、ひっぱりだこの研究分野になっています。が、それにも限界があります。

計算効率を上げるために研究者が目を付けたのは、GPU（画像演算装置）の活用でした。普通のコンピューターは、どんな計算にも対応できるように汎用的に作られていますが、利用目的を限定すればチップの段階から効率化を図ることができます。ゲーム機器がその代表例です。リアルタイムの画像処理が不可欠なゲーム機器には、汎用型のパソコンに搭載されているCPU（中央演算装置）とは構造の違う画像処理に特化したGPUが使われています。ディープラーニングを活用した学習や、リアルタイム画像処理にGPUを活用することで、計算効率を上げようと考えたのです。ディープラーニングによる物体検出の需要で、2016年以降、GPUを提供する企業の株価がうなぎ上りという現象が生まれています。

けれど、YOLOのシステムはその延長線上にはなさそうです。レドモンのデモンストレーションを見ながら、この状況がひっくり返るかもしれないと、私は思いました。

## ＡＩが目を持った？

ＹＯＬＯの高速化のポイントは、これまでのＡＩでは２０００の物体を検出するために２０００回行っていた「物体が写っているらしい場所」の認識を一つにまとめたことにありそうです。「たった一度だけ見ればよい」という意味で、このシステムはＹＯＬＯ（You Only Look Once）と名づけられました。その意味では、ＹＯＬＯのシステムは、人間や他の動物が目で「見る」ということに近づいていると言えるのかもしれません。

レドモンのサイトからは現在、ＹＯＬＯバージョン2が無償配布されていて、デモ用ビデオを見ることができます。それは、さらに衝撃的です。動画は中東のどこかの国の市場の光景から始まります。無数の人に紛れて逃げるテロリスト。拳銃を手にそれを追う主人公。縦横無尽に走り回る2台のオートバイ。めまぐるしく場面が変わるその動画の中で、ＹＯＬＯは、人、人、人、人、携帯電話、ネクタイ、車、オートバイ、オートバイ、人、人、ネクタイ……と、次々と動画に現れる物体をリアルタイムで検出し続けるのです。

レドモンはＴＥＤの3ヵ月後、アマゾン、グーグル、マイクロソフト、ウーバーなど主要なＩＴ企業が後援する、画像認識の分野では最高峰の国際会議ＣＶＰＲで優秀論文賞を獲得しました。今ごろは、彼をめぐって、あらゆるＩＴ企業が、激しい獲得合戦を繰り広げているに違いありません。

## ワトソンの活躍

### クイズ王を打倒

東ロボくんのプロジェクトが始まった2011年に、アメリカのIBM社がワトソンという名前のAIを開発しました。そして、ワトソンはアメリカの人気クイズ番組「ジョパディ！」に出場して、チャンピオン2人を破ってニュースになります。その後、ワトソンはみずほ銀行のコールセンターや東大の医科学研究所に導入されました。東大に導入されたワトソンは、とても珍しい白血病の診断を支援して、日本でもニュースになりました。八面六臂の活躍です。そのワトソンは、一体どんな仕組みで動いているのでしょう。

Mozart's last & perhaps most powerful symphony shares its name with this planet.
（モーツァルトの最後の、そして最も力強い交響曲には、ある惑星の名前が付けられています）

これは典型的な「ジョパディ！」の問題です。「ジョパディ！」の問題には特徴があります。最後に「この○○は何か（This ○○）」と訊ねる形式になっているのです。最後に来るのは、「this planet（この惑星）」、「this country（この国）」、「this musician（このミュージシャン）」という具合です。「ジョパディ！」では、ＨＯＷ（どのように）とか、ＷＨＹ（なぜ）のような問題は出題されないのです。「this ○○」で終わる質問の答は何でしょう？ 固有名詞か、名数付きの数字以外はあり得ません。何年とか、何万人とか、そういう数字です。このような質問のことをファクトイド（factoid）と言います。ファクトイドには以前から効果的な解法が知られていました。

「ジョパディ！はファクトイドで解ける。ＡＩがこれを解けば、宣伝効果は絶大だ」――。その事実に気付いたＩＢＭのプロジェクトマネジャーは極めて有能です。そして、もっとすごかったのは、ジョパディ！を解く上で必要なデータをウェブから収集し、実際に動くシステムを組み上げ、「最も確からしい答」を2秒以内で答えるのに必要な並列計算機を構築し、そして実際にチャンピオンを倒したことです。

モーツァルトの問題に戻りましょう。「モーツァルトの最後の交響曲と同じ名前を持つ惑星は何ですか?」――。答をご存知ですか。もし、知らなかったら、どうしますか?もちろん、グーグルで検索するに決まっています。

検索で調べるには、まずキーワードを決めます。検索慣れしていない人は「モーツァルト」で検索しがちです。すると、ウィキペディアの「ヴォルフガング・アマデウス・モーツァルト」の項目が検索結果のトップに表示されるでしょう。そこには、モーツァルトの生い立ちから宮廷での活躍、晩年や死因に関するさまざまな説、作風の変遷から人物像まで1万字以上の情報が記述されています。そこから問題の答を見つけるのは容易ではありません。

検索慣れをしている人ならば、もっと効率よく調べます。「モーツァルト　最後　交響曲」とキーワードを増やすのです。すると、検索結果の一番目にウィキペディアの「交響曲第41番（モーツァルト）」が出てくるはずです。それがモーツァルトの最後の交響曲です。ページを開いてみると、概要の最初の行に「本作は『ジュピター』(ドイツ語ではユーピター）のニックネームを持つ。モーツァルトが作った最後の交響曲である」と書いてあります。ミッションコンプリート。答は「ジュピター」です。

ワトソンも検索の手法で解答に辿り着こうとします。その際に重要なのは、検索慣れした人が適切なキーワードを選ぶように、ワトソンにも適切なキーワードが選べるように設計してやることです。ワトソンは、問題文から「モーツアルト」「最後」「交響曲」をキーワードに選び、ウィキペディアの「交響曲第41番（モーツァルト）」のページを簡単に見つけます。人間であれば、それを見つければ、答を見つけたのと同じですが、AIにはそこからまた一仕事残っています。なぜなら、AIには文章が読めないからです。

では、ワトソンはどのようにして、答に辿り着くのでしょう。ワトソンは、まず、ウィキペディアの「交響曲第41番」のページからキーワードに選んだ3つの言葉が多く含まれる記述を探します。その中に答が含まれていることが多いからです。複数の単語がテキストの中にどのように共に出現するかを「共起」と言います。共起関係から記述にあたりをつけ、さらに「惑星」のカテゴリーに入っている言葉を探します。ぜひ、自分で実際にグーグル検索（英語版）で試してみてください。該当するのはジュピターだけです。それで、答はジュピターだと判断して出力するわけです。ワトソンはそんな仕組みで動いています。

## コールセンターに導入

銀行のコールセンターに導入されたワトソンも、この仕組みを使って活躍しています。

コールセンターの業務は主として2種類に分けることができます。顧客の問い合わせに適切に答えることと、顧客との応答を正しく記録することです。それらの業務効率を改善するのがワトソンの任務です。

後者の効率向上には「音声認識」のＡＩ技術が貢献しています。顧客とオペレーターのやりとりを正確にテキストに記録する仕事です。音声認識はビッグデータとディープラーニングで精度を向上させてきましたが、学習するデータを提供する協力者の属性は標準語を話す20代から40代の人に偏りがあります。そのため、高齢者の声や方言の認識率は大きく下がります。実は、やや高音の私の声も「外れ値」らしく、認識率は高くありません。

コールセンターに電話をかけてくる顧客が標準語を話すとは限らないし、高齢者の方も少なくありません。そのため、コールセンターでは顧客の問い合わせの内容をオペレーターが復唱しています。そうすることで音声認識の精度が上がるだけでなく、教師データも日々増えていくわけです。

コールセンターの役割は、問題を解決することではありません。用意されたＦＡＱ（よく聞かれる質問とその回答集）に沿って応答し、複雑な問題の場合は担当部署に転送するのが業務です。ワトソンの役割は、顧客の問い合わせが、ＦＡＱのどれに該当するのかをオペレーターに伝えることです。ここで、お得意の検索機能が力を発揮します。

ワトソンの画面には、音声認識機能でテキスト化された顧客とオペレーターのやりとりがリアルタイムで表示されているはずです。それとほぼ同時に、ＦＡＱのランキングも表示されます。その仕組みはクイズに正解するのと同じです。現在の技術では、問い合わせに対する応答を一つに絞ることは困難ですが、時々刻々と進んでいくやりとりを入力して、適切な応答に近そうな順序にランキングすることはできるのです。

オペレーターは表示されたランキングの中から、最も適切と思ったＦＡＱを選んで顧客に説明します。間違っていれば別のＦＡＱを選んで応対するということを繰り返します。そして、ワトソンが提案したＦＡＱが正解だった場合は「正解」のボタンをクリックする。その情報が蓄積されることで、ワトソンが自律的に学習し、さらに賢くなっていくという仕組みになっているはずです。

私は、先ほどから「そうなっているはずです」を連発しました。私は実際にワトソンが導入された現場を見たことがないからです。けれど、現在のＡＩの実力を考えるとそれ以外のユーザーインタフェイスは考えられません。ワトソンを導入した某銀行の方にそう申し上げたら、「まったくそのとおりですよ。寸分違いません」と教えてくださいました。

コンピューターはすべて数学でできています。ＡＩは単なるソフトウェアですから、やはり数学だけでできています。数学さえわかっていれば、ＡＩに何ができるか、そして何ができないはずかは、実物を見なくてもある程度想像がつくのです。

## 東ロボくんの戦略

### 延べ100人の研究者が結集

ワトソンが「ジョパディ！」のチャンピオンを破ったというニュースが世間の耳目を集めていたころ、東ロボくんのプロジェクトの自然言語処理チームは、社会科の選択科目を世界史と日本史と定め、センター試験での正答率7割を目指し、研究に着手していました。これは、大きなチャレンジでした。あまり知られていないことですが、2011年2月の時点でのワトソンの「ジョパディ！」正答率は7割を下回っていたからです。

ワトソンに投下された予算は10億ドルとも言われています。今だから告白しますが、東ロボについた予算は年間約3千万円。大雑把に言うと3500分の1です。大学入試に挑戦するＡＩプロジェクトが日本で始まったことを伝えるニューヨークタイムズの記事には、ワトソン開発のチームの「極めてチャレンジングだと言える（＝まぁ、無理だろうね）」という余裕のコメントが掲載されていました。

東ロボプロジェクトのチームには、大学院生も含めると延べ１００人以上の研究者が参加しました。大学などから半分、残りの半分は企業からの参加でした。予算は、データの作成と毎年のセンター模試チャレンジの運営、そして数人の研究者の雇用で尽きました。つまり、１００人以上の研究者の大部分がボランティアで参加してくださったということです。にもかかわらず、センター模試チャレンジを始めた２０１３年から、東ロボくんの様子はプライムタイムのニュース番組、主要新聞各紙に取り上げられました。毎年の広告換算効果は5億円を超え、日本の第３次ＡＩブームを体現するプロジェクトに成長しました。

各研究者には、挑戦したい科目を選んでもらいました。研究者それぞれには、「この課題は、こうしたら解けるのではないか」という意見とモチベーションがありました。全体会議でプレゼンをしてもらい、各科目にリーダーを立て、自主性を重んじて開発を進めた結果、東ロボくんは、世界史と英語と数学では、言語処理一つとってもまったく異なるアプローチを採ることになったのです。

## 世界史攻略

世界史と日本史のセンター入試攻略法は、基本的にはワトソンと同じです。ただし、ワトソンが解いたのは固有名詞の穴埋め問題ですが、センター入試には穴埋めは1割くらいしか出題されません。分析の結果、世界史と日本史の問題の7割弱が「正誤判定問題」に分類されることがわかりました。たとえばこんな問題です。

カロリング朝フランク王国が建国された8世紀に起こった出来事について述べた文として正しいものを、次のうちから一つ選べ。

①ピピンは、ランゴバルド王国を滅ぼした。
②カール大帝は、マジャール人を撃退した。
③唐の太宗の治世は、開元の治と呼ばれた。
④ハールーン・アッラシードの治世が始まった。

分析により、正誤判定問題では、問題文の条件は多くの場合無視してよいことがわかりました。右の問題例でいうと「カロリング朝フランク王国が建国された8世紀に起こった出来事について述べた文」に当たる部分です。つまり、選択肢だけを読んで、正しいか間違っているかを判定すればよいのです。これをワトソンと同じ方法で解こうとしたところ、2013年は半分しか解けませんでした。しかも、正答率が安定しません。そこで、2015年の東ロボくんは体制と方針を転換し、選択肢からクイズ問題を自力で作るという方式を採用しました。担当してくださったのは日本ユニシスの総合技術研究所のチームでした。たとえば②の「カール大帝は、マジャール人を撃退した」という選択肢から、まず「カール大帝は、○○を撃退した。この○○は何か」という穴埋め問題を作ります。ここで威力を発揮したのが、「マジャール人は民族である」とか、「ピピンは人物である」「死んだ人はそれ以降の事柄を起こせない」というような、あまりに人間には当たり前すぎることをリストアップして整備した「オントロジー」です。オントロジーはモノゴトをコンピューターに理解させるためにつける名前や分類のことです。オントロジーを作ったことで、「カール大帝は、○○を撃退した」という穴埋め問題は「カール大帝は、『この民族』を撃退した」というジョパディ!的なファクトイド質問に書き換えることができるようになります。オントロジーは人間にしか整備できません。しかも、リアルな世界とコンピューター処理の差を理解した上で、漏れなくしかも効率よく作らなければなりません。この困難な仕事をやり遂げてくれたのは言語学者の川添愛さんでした。

さて、ここでようやくワトソン的なシステムを動かして答になりそうな固有名詞をランキングしていきます。最も高いスコア3・2を獲得したのは「アヴァール人」でした。一方の「マジャール人」のスコアは1・1。その差は2・1でした。この差が「十分に大きい」とき、東ロボくんは「カール大帝は、マジャール人を撃退した」を誤文だと判定します。この「十分な差」をどう設定するかは、もちろん過去問から機械学習したのです。方針の転換によって、2015年、世界史の東ロボくんは一気に正答率が75％に上昇、偏差値は10以上上がって、66・5になりました。

## 論理で数学を攻略

もう一つ成績が大変よかった科目は数学です。数学の攻略には、世界史とは正反対とも言えるアプローチを採りました。前述したように、「人工知能」という言葉ができたダートマス会議において、人々を驚嘆させた最初のAIは「ロジック・セオリスト」という数学の定理を証明するソフトウェアでした。しかし、「ロジック・セオリスト」を本質的に超えるような自動証明機は登場しませんでした。中学入試に出るようなこんな問題さえも解けなかったのです。

> 長さ230mの列車が秒速15mで上り方向に、長さ250mの列車が秒速17mで下り方向に進んでいます。互いの列車が出会ってから、すれ違い終わるまでに何秒かかるでしょう。

人間ならば「上り方向」と「下り方向」は逆向きだということがわかりますね。「互いの列車」というのは、「上り方向」と「下り方向」に進んでいる列車のことです。「出会ってから」というのは、列車の先頭部分がちょうど同じ地点にさしかかったときのことです。数学の問題を解くということに着手する前に、少なくともそれらのことを理解しなければなりません。

この問題をワトソン的に解こうとすると、「長さ230m、秒速15m、長さ250m、秒速17m、何秒？」というような感じで解かざるを得ません。そして、現在、言語処理のトップ国際会議で盛んに研究されているのは、問題を大量に集めてディープラーニングを使ったら、こういう感じで統計的に解けるか？　という課題なのです。簡単なドリルならばできるかもしれませんが、日本の中学入試は絶対に無理です。いわんや東大をや、です。

2011年に数学チームが結成されたときには、数学の攻略法をめぐって意見が割れました。一つの意見は、問題をパターンに分類して、ワトソン的な検索に落とし込もうという作戦でした。センター入試を分析していくと、どうも数列の問題はそれでいけるかもしれない、という感触を得ました。しかし、それ以外の問題は解ける気がしません。

私は数学の中でも、もともと数学基礎論という分野の研究者です。「ロジック・セオリスト」は数学基礎論の理論的成果をソフトウェアにすることで実現されました。検索ではなく論理的に解きたい。その思いは日増しに大きくなりました。一方で、それが途方もなく大変なことであることもわかっていました。「ロジック・セオリスト」以降、数多くの著名なAI研究者、世界の主要なAIの研究拠点が挑んでは失敗を繰り返してきたことを知っていたからです。

そんな中、救世主が現れます。まずは富士通研究所の2人の数式処理研究者、穴井宏和さんと岩根秀直さん。もう一人は自然言語処理研究者の松崎拓也さんです。

数学で「計算」するときには、数字で計算する（例：1÷3＝0・333……）場合と、数式のまま計算する（例：1÷3＝1/3）場合があります。前者を数値計算と言い、後者を数式処理と言います。数値計算は速度が速いメリットがありますが、誤差が出るし、プログラムの誤りを見抜きにくいなどデメリットがあります。一方、数式処理は人間が数学を解くような処理ができますが、アルゴリズムがとてつもなく重く、なかなか産業応用には至りませんでした。が、コンピューターの性能向上と、数式処理研究者の不断の努力の結果、そこそこには動くアルゴリズムが２０００年代に出始めました。そのタイミングと東ロボくんのスタートがちょうど重なり、数式処理で定評のある富士通研究所のお２人が協力を申し出てくださいました。

実は、東ロボがスタートする前に、私は数学基礎論分野の先輩である東京理科大の佐藤洋祐さんから「東大入試の（一階の実閉体の言語で書ける）問題のほとんどは、うまく定式化すれば数式処理で解ける」と知らされていました。「ただし、自動で『うまく定式化』できるとは思えないけどね」とも。

自然言語で書かれた問題文をＡＩが自動で数式に変換するとしたら、「直訳」以外にはありえません。しかも、正確な直訳です。世界に、ＡＩ研究者は数万人の単位でいるのに、それを実現できそうな人はなかなか見つかりませんでした。あまりにハードルが高すぎると考えられていたのです。しかも、世界中が機械学習一辺倒の状況です。いったい、数学の問題を正確に数式に変換する、優れた論理的「機械翻訳機」を作り上げられる人が現れるだろうか。それが問題でした。

論理的なソフトウェアは、部品となるソフトウェアの積み重ねでできています。先ほどの列車のすれ違いの問題を例にすると、まず、語彙の辞書を作り、単語で区切り、構文を解析し、「お互い」が何を指すか照応解決をして……というような部品を作って組み合わせなければなりません。一つひとつが90％の精度になっても、部品の数が10になると、0・9の10乗になり、精度は30％に落ちます。それでは実用に耐えません。

そんな中、構文解析の高速化と高精度化を実現し、統計的手法と論理的手法の両方を熟知する松崎拓也さんが数学問題文の数式への変換に関心を持ってくれたのです。

こうして、科目ごとに、現実路線のワトソン改良型、失われつつあった王道とも言うべき論理型、さらにディープラーニングと通常の機械学習の比較型など、まことにバラエティ豊かな東ロボくんが開発されることになりました。それは、「ロボットは東大に入れるか」が目指した目標に合致していました。今ある、そして近未来に導入される可能性のあるすべての方法論を使って、大学を経てホワイトカラーを目指す18歳とガチで勝負するのです。

その結果、前述のように、東ロボくんは、それぞれの能力を発揮して、上位20％の成績を達成しました。数学では、東大模試（理系）で6問中4問に完答し、偏差値76・2という驚異的な成績を修めたのです。

東ロボくんは意外な影響を海外にも及ぼしました。2013年には中国の研究グループが、中国の大学入試を題材に同様のプロジェクトを立ち上げました。さらには、自然言語処理のトップ国際会議では、英語で書かれた入試問題を題材にしたＡＩのベンチマークが次々に提案され、一大ブームになっています。いくつもの幸運に恵まれ、このように社会的に影響力のあるプロジェクトを進めることができたことは本当に幸せなことでした。

でも、私は手放しで喜ぶことはできませんでした。

２０１１年にプロジェクトを開始した自分の予想——多くのホワイトカラーの職がＡＩに奪われるという予想——が現実のものになることを意味するからです。一学年に子どもの数は約１００万人。半分の約50万人がセンター入試を受験します。その上位20％に東ロボくんが入ったのです。ホワイトカラーを目指す若者の、中央値どころか平均値をＡＩが大きく上回った。この先、労働市場はどうなるのか。どうすれば、東ロボくんに負けた80％の子どもたちに明るい未来を提供できるのか。そのことと真剣に向き合わなければならない、そう決意しました。

# ＡＩが仕事を奪う

## 消える放射線画像診断医

忙しく立ち働く看護師の白衣姿も見えなければ、消毒液の臭いもしない。そればかりか、患者の姿もない。あるのは、整然と並べられたパソコンの前に座り、ディスプレイに次々と映し出される画像に対峙する無口な人々の姿だけだ――。

これは、未来の話ではありません。放射線画像診断の最先端の現場の、今の姿です。

検査好きの国民性もあってか、日本はヨーロッパなどに比べてＣＴやＭＲＩの画像検診を受ける患者がとても多いそうです。かつては大病院にしかなかった高額なＣＴやＭＲＩが、近年では比較的小規模な個人病院の多くにも導入されています。機器も高性能になっていて、一昔前までは撮影に時間がかかり午前の検診で2件しかできなかった撮影が、今では1件あたり6分程度で撮影できます。画像の解析度も上がり、一度のＣＴ検診で撮影される画像は数百枚から数千枚になっています。

ＣＴやＭＲＩで撮影された画像を見て、癌や動脈瘤などの病巣の有無を判断するのは放射線画像診断医の仕事です。ところが、ＣＴやＭＲＩは急速に普及しているのに、放射線科の医師の数はそれほど増えていません。人材は恒常的に不足しています。放射線画像診断医を雇用できる個人病院はそれほど多くはないはずです。以前は、放射線画像診断ができない医院や小規模の病院は、大病院に診断を依頼していました。ところが、大病院はさらに高度な最新式の診断装置を導入して頻繁に画像検診を行っているため、他所の病院の画像診断を引き受ける余裕がなくなりつつあります。そのため、各地に画像診断だけを専門的に行うセンターが開設され、地域の病院の画像診断を担うケースが増えてきています。診断の効率化を図るための分業です。この項の最初に紹介した放射線画像診断の最先端の現場というのは、そのような画像診断センターの風景です。

医学会の重鎮として知られるある内科医の先生は、研修医時代に画像診断のアルバイトに明け暮れていたそうです。

「暗い部屋の中で画像を流れ作業で見ながら診断するんです。患者さんや同僚と言葉を交わすこともない孤独で機械的な作業でした。同じ作業を繰り返すうちに疲労が溜まってきます。もちろん、癌を見落とせば患者さんの命を左右することになることはわかっています。それでも、集中力が低下していくのは抑えられません。そういう意味で、過酷な職場でした」

当時を振り返って、画像診断のアルバイトの実態を教えてくださった先生は最後にこう言われました。

「ああいう仕事は、人間よりもむしろＡＩのほうが向いているのではないでしょうか？」

ディープラーニングの登場でＡＩの画像処理技術は近年長足の進化を遂げました。といっても、人間と同じように画像を認識できるわけではありませんが、前述のように、たとえば、一枚の画像の中に猫がいるかどうかを見つけるというような限定された作業は得意です。つまり、画像の中に癌や動脈瘤と疑われるものが映っているかどうかを判断する画像診断のような仕事には能力を発揮する可能性がある、ということです。しかも、画像診断では、各地にあるセンターで毎日、教師データが生産されていて、ＡＩはそれをいくらでも学習することができます。教師データが多いほど、ＡＩは自律的に学習して仕事の精度を上げていくことは、すでに説明したとおりです。今後、3年のうちにはＡＩが平均的な放射線専門医の診断精度を上回り、ＡＩに画像診断を任せられるようになると期待できる、と言う専門家もいます。それは、言葉を換えると、3年のうちに画像診断という仕事がＡＩに奪われてしまう可能性があるということです。

放射線専門医は、画像診断の仕事がなくなっても他になすべき仕事はたくさんあるので、失業する心配はありません。画像診断が人間にとって過酷な仕事であることを考えると、画像診断をＡＩが引き受けてくれることは、内科医の先生が仰るとおり、むしろ福音と言えるでしょう。けれど、これまで人間が担っていた仕事がＡＩに代替されることが、福音ばかりではないことは明らかです。多くの人が仕事を失ってしまう可能性が高いからです。

## 新技術が人々の仕事を奪ってきた歴史

ご存知のとおり、発明や新しい技術の登場で仕事がなくなることは、今に始まったことではありません。むしろ、人々の歴史はそれを繰り返してきたと言ってよいほどだと思います。目覚まし時計が発明される前のヨーロッパには、目覚ましの仕事があったそうです。長い竿で窓をコンコンと叩いたり吹き矢で豆を飛ばしたりと、いろんな方法があったと言います。長時間労働の工場では、仕事中の工員さんたちに娯楽小説を読んで聞かせる仕事もあったそうです。オルゴールやレコードの発明で、その姿はなくなりました。

私が子どものころには、まだ牛乳配達屋さんがいました。パン屋さん、新聞配達と並んで、朝早い仕事の代名詞の一つでした。でも、冷蔵庫と食品スーパーの登場で、その仕事はほとんど消えてしまいました。高校か大学生のころまでは駅の改札では駅員さんが切符を切っていましたが、今は自動改札機がその代わりを務めています。かつてはタイプライターという筆記用具があって、タイピストは女性の花形職業でした。けれど、タイプライターはすでに博物館の展示物です。

銀行の窓口も減りました。ＡＴＭがあり各銀行のネットワークが繋がっているからです。ネットバンキングもあります。紙の新聞は発行部数を減らし続けています。ネットでニュースを読むことができるからです。出版の取次や書店、印刷所は大きくその数を減らすでしょう。書籍はデジタル化され印刷の需要が減り、顧客の嗜好や購入履歴を学習して積極的にセールスを展開するネット通販が、今以上に流通を席巻していくと予想されるからです。

例を挙げればキリがありません。平家物語の作者が言うとおり諸行無常、盛者必衰は世の常です。これまでも、新しい技術の登場で仕事をなくした人々は、時代の変化に苦しみながらも、それをなんとか乗り越えて来ました。悲しい人生を強いられた人も少なくなかったはずです。が、全体としてみれば、新しい技術が登場する以前よりも豊かな社会を築いてきた。ＡＩの登場で消えていく仕事があったとしても、人々はなんとかそれを乗り越えて、より豊かな社会を築いていけるに違いない。そのように楽観している人が大勢いるように見えます。事実、氾濫するＡＩ関連本の中にも、そのような言説が散見されます。

でも、ちょっと待ってください。今、起こっていることは、本当にかつて人々が経験してきたことと同質のことでしょうか。私にはそうは見えません。質的な違いを感じるのです。

## もう「倍返し」はできない

近未来になくなってしまうかもしれない仕事について、もう一つ、例を挙げてみます。

近年、フィンテック（Fintech）という言葉が日本でも熱を帯びています。ファイナンス（金融）とテクノロジー（技術）を合成した造語で、情報技術を駆使して金融サービスを効率化したり新しい金融サービスや商品を生み出したりすることを意味するようです。一昔前まで兜町の花形職業だったトレーダーの仕事は、ＡＩに取って代わられつつあります。ＡＩが株取引のタイミングを判断しているからです。ＡＩによる株取引を「アルゴリズム取引」と呼びますが、アメリカでは、法規制がかかるほど取引のシェアが急速に伸びました。日本でも２０１０年代に入ると同じことが起き、取引の約７割を占めるほどになっています。

ワトソンがみずほ銀行のコールセンターに導入されたことは前述のとおりです。ＡＩが発達することで、銀行や証券会社の窓口係がロボットで置き換わると予測する人工知能学者も少なくありません。

でも、そうかな、と私は思うのです。２０１３年に、私は窓口係より先に半沢直樹がＡＩによって代替される、という予想を立てました。

ＴＢＳの日曜劇場で２０１３年に放送された『半沢直樹』は銀行員が銀行の不正を暴くドラマでした。原作者の池井戸潤さんが世に送り出した主人公の半沢直樹は「やられたらやり返す、倍返しだ！」の決め台詞で、一躍時代の寵児となりました。

半沢直樹氏はローンオフィサーです。その仕事は、取引相手の返済能力の信用度を審査することで、個人融資ならば担保物件の価値、年収や雇用主である企業の事業規模、さらには年齢や家族構成までさまざまな情報を考慮し、データに基づいて融資の条件を計算し、融資の可否を判断します。時には融資が焦げ付いてしまうこともあります。けれども、他の融資の利益でカバーして、総体として利益を確保できれば融資担当者として無能の烙印を押されることはありません。その意味で、半沢氏の仕事は「計算の確率的な妥当性」が問われる仕事だと言えます。

このような仕事、特に担保に基づく住宅ローンなどの個人融資は、ビッグデータによる機械学習ができるようになったＡＩには得意分野になるはず――ドラマを見ながら私はそう考えました。銀行には過去の融資についての教師データを大量に持っており、答は融資するか否か、つまりイエスかノーのどちらかだからです。半沢氏の仕事はいずれＡＩに代替され、残念なことに胸のすくようなあの「倍返しだ！」の台詞は、数年後にはもう聞けなくなってしまう可能性が高いと思います。

「数年後には半沢直樹はいなくなる」――この予測を２０１３年に初めて披露したとき、講演会場は笑いに包まれました。当時、半沢直樹は旬でしたし、誰もが冗談だと受け取ったからだと思います。けれども、同じことを考える人はいるものです。その直後に、英国のオックスフォード大学の研究チームが「雇用の未来――コンピューター化に影響されやすい仕事（The Future of Employment : How Susceptible are Jobs to Computerisation?）」という研究論文を発表し、10年から20年後にも「残る仕事」と「なくなる仕事」を予測しました。その「なくなる仕事」のトップ25に融資担当者が第17位でランクインしていたのです。因みに、銀行の窓口係も第20位でランクインしていました。

そして、なんと昨年（２０１６年）にはついにローンの与信審査を完全に自動化した銀行が現れました。インターネット専業のジャパンネット銀行が昨年10月、与信審査にＡＩを活用した新型の中小企業向けの融資を開始したのです。企業の資金取引や業績などをリアルタイムで把握・分析し、無担保や無保証の融資でも即日で決定できるのだそうです。

そのニュースを伝えた日経新聞は、「中小・零細企業など銀行が審査の手間などから敬遠してきた『金融排除先』にも柔軟な資金供給が可能になる」と、与信審査へのＡＩの参入を評価しています。

12月には横浜銀行がインターネット上でローン契約が完結するサービスを開始しています。対象はカードローンやフリーローンの他、教育費用や車購入などの目的別ローンとさまざまです。普通口座とキャッシュカードがあって、銀行の求める条件をクリアしていれば、融資担当者に相談することなくお金を借りられるということです。

現在、日本には百を優に超える銀行が存在します。その中に、ＡＩに勝る与信審査のできる銀行は、いったいいくつ存在するのでしょうか。

衝撃はさらに続きます。ブロックチェーンの登場です。ブロックチェーンは、ＡＩではなく、帳簿に関する革命的なイノベーションです。カネやモノの取引の履歴情報を電子的に記録しながら、そのデータをブロックとして集約します。それを連鎖させつつ分散台帳として管理をする方法です。ブロックチェーンはビットコインと対でニュースになることが多いのですが、金融業界では今、あらゆる取引の記録をブロックチェーン化する検討に入っています。２０１７年7月、みずほ銀行は実貿易取引における信用状発行から貿易書類受け渡しまでの業務をすべてブロックチェーンで実施した、と発表しました。貿易取引では、どのような商品をどれだけ、いつ、どのような条件で相手方に渡し、その代金をどのように受け取るかについて、膨大な条件が書かれた紙の書類を、貿易をする会社とそれぞれのメインバンクがやりとりします。通常1ヵ月以上をかけ、何十人もの人の手を渡って押印、サインを経てやりとりされていました。ブロックチェーンを使えば、それがほぼ労働コストゼロで信頼性のある情報を共有できるのです。

2017年10月、みずほフィナンシャルグループは、ITによる業務効率化で事務作業を減らし、店舗の統廃合を進めて10年間で1万9000人分の業務を削減すると発表しました。大規模な事業見直しを検討しているのです。みずほFGの従業員は現在約6万人で、例年2000人規模で採用しています。証券系を除き、転職率は極めて低い。その中、10年間で約2万人分の業務が減る。2011年に私が予想したとおりのことが、まさに起ころうとしています。

## 全雇用者の半数が仕事を失う

オックスフォード大学の研究チームが予測したコンピューター（AI）化によって「10年から20年後に残る仕事、なくなる仕事」を表1-1に示しました。詳しく見てみましょ

表1−1　10〜20年後になくなる職業トップ25

| | |
|---|---|
| 1 | 電話販売員（テレマーケター） |
| 2 | 不動産登記の審査・調査 |
| 3 | 手縫いの仕立て屋 |
| 4 | コンピューターを使ったデータの収集・加工・分析 |
| 5 | 保険業者 |
| 6 | 時計修理工 |
| 7 | 貨物取扱人 |
| 8 | 税務申告代行者 |
| 9 | フィルム写真の現像技術者 |
| 10 | 銀行の新規口座開設担当者 |
| 11 | 図書館司書の補助員 |
| 12 | データ入力作業員 |
| 13 | 時計の組立・調整工 |
| 14 | 保険金請求・保険契約代行者 |
| 15 | 証券会社の一般事務員 |
| 16 | 受注係 |
| 17 | （住宅・教育・自動車ローンなどの）融資担当者 |
| 18 | 自動車保険鑑定人 |
| 19 | スポーツの審判員 |
| 20 | 銀行の窓口係 |
| 21 | 金属・木材・ゴムのエッチング・彫刻業者 |
| 22 | 包装機・充填機のオペレーター |
| 23 | 調達係(購入アシスタント) |
| 24 | 荷物の発送・受け取り係 |
| 25 | 金属・プラスチック加工用フライス盤・平削り盤のオペレーター |

（出典）松尾豊『人工知能は人間を超えるか』（角川EPUB選書）

（原典）C. B. Frey and M. A. Osborne, "The Future of Employment : How Susceptible are Jobs to Computerisation?" September 17, 2013.

う。注目すべきは、ホワイトカラーと呼ばれてきた事務系の仕事が多いことです。2位の不動産登記の審査・調査、4位のコンピューターを使ったデータの収集・加工・分析、8位の税務申告代行者、11位の図書館司書の補助員、12位のデータ入力作業員、14位の保険金請求・保険契約代行者、15位の証券会社の一般事務員、16位の受注係、17位の融資担当者、18位の自動車保険鑑定人などがそれにあたります。

7位の貨物取扱人、19位のスポーツの審判員、22位の包装機・充填機のオペレーター、25位の金属・プラスチック加工用フライス盤・平削り盤のオペレーターなどは、あまり共通性のない仕事に見えますが、仕事がマニュアル化しやすい、つまり、決められたルールに従って作業すればよいという点で共通点があり、ＡＩによって代替されやすいと判断したのでしょう。

一覧を見て、とりあえず自分の仕事は入っていないようだと安心されていませんか。残念ながら、まだ安心はできません。リストは25位までしかありませんが、オックスフォード大学の研究チームは、７０２種に分類したアメリカの職業の約半数が消滅し、全雇用者の47%が「at risk」、つまり、職を失う恐れがあると予測しています。

アメリカの話でしょう、と思われていませんか。残念ながら、そんなことはありません。アメリカであろうが日本であろうがその他の国であろうが、たとえば、商取引の書類を確認したり、与信審査したりする仕事に違いはなく、アメリカでＩＴ技術やＡＩに代替される仕事は日本でも同じように代替されます。雇用慣習や雇用形態には随分違いがあっても、資本主義の社会では経営者は企業の利益を上げることを最優先しなければならないことは同じです。コンピューター化で労働コストが軽減できるなら、多くの企業はそれを選択するはずです。ですから、アメリカで起きると予測されることは日本でも同じように起きると予測されます。つまり、日本でも、近い将来、働く人々の約半数が、少なくとも今の仕事を失ってしまう危機に晒されるということなのです。

「日本は終身雇用だから大丈夫」と高を括ってはいられません。雇用慣習を理由に日本がＡＩ導入を先延ばしにすれば、単に国際競争力を失って倒産します。あるいは外資系企業への売却です。そうなれば従業員の雇用など保証されません。一方、ＡＩに代替させれば生産性が向上する部門にもかかわらず、無理に雇用を維持しようとすれば、ＡＩを導入した企業との競争で落伍し、労働環境がブラック化します。ＡＩが得意なことに、人間が勝負を挑むのは、竹槍でＢ29に対抗するようなことです。戦後2番目に長かったと言われるいざなぎ景気。それを超えると言われる長期の好景気、企業の内部留保も最高額にもかかわらず、賃金の中央値が下がり続けているのはなぜか。アメリカならば移民のせいにもできるでしょうが、日本はほとんど移民を受け入れていません。となれば理由は一つ。これはイノベーションによる労働者の分断なのです。イノベーションに代替可能なタイプの人の労働価値が急激に下がっているのです。

先に、新しい技術の登場で、仕事が消えるのは今に始まったことではない。歴史はそれを繰り返してきたと申し上げました。ATMの導入で銀行の窓口業務は激減しました。写真のデジタル化によって、街角にあったDPEの店はほとんど姿を消しました。けれども、こうした技術で失われる仕事はとても限定されていました。しかし、AIは違います。今後、10年から20年の間に、働く人々の半数が職を奪われるかもしれないのです。実は、この予測を最初に世に出したのは、オックスフォードのチームではありません。MITの『機械との競争』でもありません。私です。2010年に出版した『コンピュータが仕事を奪う』（日本経済新聞出版社）でそう予測したのです。ところが、日本人は真に受けませんでした。

出版直後、私は東京駅前の大型書店に、この本がどこに置かれているか見に行きました。ビジネス書の棚をいくら探しても見当たらない。結局どこに置かれていたかというと、SFのコーナーでした。その事実に私は慄然としました。日本人はこのシナリオをSFだと思うのか、と。実はそれこそが、「ロボットは東大に入れるか」というプロジェクトをスタートさせようと考えた最初の動機でした。これが近い将来に間違いなく起こる事実であることを日本人に1日でも早く伝えたい。その日のために一人ひとりに準備をしてほしい。その焦燥感が「ロボットは東大に入れるか」というフレーズに結晶したのだろうと思います。

1900年代から始まり、約100年かけてトヨタやパナソニックといった日本の最先端工場でほぼ確立されたオートメーションによる変化がホワイトカラーに対しても起こるのです。しかも、20年くらいに圧縮して。それは人類がこれまで体験したことのない変化です。質の違いと申し上げたのは、そのような意味です。

WHOが今世紀初めてグローバルアラートを宣言したSARSの死亡率は10%です。また、20世紀初頭に世界的に大流行し多数の死者を出したとされるスペイン風邪の死亡率はたった2・5%です。苛酷を極めたと言われるシベリア抑留の死亡率は10%です。単純な比較は不適切かつ不謹慎であることを承知の上で書くことをお許しいただきたいのですが、50%のホワイトカラーが20年、いやもっと短い期間で減るというのは、途轍もないことです。

私たちの日常で、大変なことが起ころうとしています。

第2章

# 桜散る

## ——シンギュラリティはＳＦ

# 読解力と常識の壁——詰め込み教育の失敗

## 東大不合格

2011年から東大合格を目指して猛勉強を続けてきた東ロボくんでしたが、未だに合格できる見通しは立っていません。昔だったら「無念、桜散る」の電報が届きそうです。第1章でお話ししたとおり、東ロボくんは頑張りました。もっとも、実際に頑張ったのは「家庭教師」を務めた100人以上の研究者たちです。5教科8科目の偏差値は57・1。全国に756ある大学のうちちょうど70%にあたる535の大学で、合格可能性80%以上と太鼓判を押していただきました。その中には、MARCHや関関同立に含まれる有名大学の名もありました。

最後に受験し偏差値57・1を達成した「2016年度進研模試 総合学力マーク模試・6月」で、得意科目の世界史Bの偏差値は66・3、数学は数学IAが57・8、数学IIBが55・5でした。それだけではありません。東大の2次試験を想定した「2016年度 第

1回東大入試プレ」において、数学（理系）ではなんと偏差値76・2、世界史でも51・8を記録したのです。数学だけで言えば、東大医学部（理Ⅲ）に合格しても不思議でないレベルです。他方、英語は偏差値50・5、国語は49・7と偏差値50付近で伸び悩みました。2013年の最初の挑戦では、それぞれ41・0と45・9でしたから、随分成長したとは言え、東大に挑戦権を得るまでには遠く及びませんでした。なにしろ、東京大学の偏差値は77以上、受験生全体の0・4％未満です。

実は、東ロボくんは2015年の挑戦でも、全体の偏差値が57・8でした。ですから、「大学入試」という知的タスクの上で、過去問やウィキペディアといった活用可能な知的資源、そして最先端の数式処理などをフルで使っての実力は、偏差値50台の後半という認識が正しいでしょう。

多くの方に、「諦めずに東大合格まで頑張ってほしい」と励ましていただきました。けれども、私はこのあたりが潮時だろうと思っています。偏差値60までは、運がよければ達成可能かもしれません。けれども、偏差値65を超えるのは不可能だと思います。そう思うのには、訳があります。現状のＡＩの能力には超えられないさまざまな壁があり、今の技術の延長ではそれを乗り越えられない。突破するには、まったく別のやり方が必要だからです。本章では、東ロボくんが偏差値65を超えられない理由をお伝えします。

## 東ロボくんにスパコンは要らない

東ロボくんの能力がなかなか上がらないのは、ハードウェアの性能が不十分なのではとのご指摘をいただくことがあります。日本を代表するスーパーコンピューター「京」は1秒間に1京回演算処理を行い、2011年にはスパコンのランキングTOP500で世界1位になりました。その後も、日本のスパコンは省エネ性能などの面で常に世界トップの一角を占めています。そんな日本の宝を使えば、東ロボくんの成績も画期的に上がるに違いないというご指摘です。

実はプロジェクトを開始して間もなく、ある機関から「東ロボくんに是非うちのスパコンを使ってほしい」というオファーを頂きました。折角ですから、東ロボプロジェクトの研究者に希望者を募りました。すると、全員が大変困った顔をして、「使い道がない」というのです。中でも数学チームの指摘は興味深いものでした。

「そこそこのサーバーを使って5分で解けない問題は、スパコンを使っても、地球滅亡の日まで解けない」

たとえばこんな問題です。

「平面上に四角形がある。各頂点からの距離の和が一番小さくなる点を求めよ」

実際に図を描いてみるとわかりますが、人間だったら、「答は、対角線の交点だな」となんとなくわかります。証明もそれほど難しくありません。対角線の交点以外の点をとると、各頂点からの距離の和は、必ず、2本の対角線の和より長くなります。

なぜ人間がこの問題を簡単に解けるのか、よくわかりません。たまたま答が対角線の交点だからかもしれません。交点というのは、人間にとって「自然」な存在です。「フェルマーの定理」も、最近、日本人数学者が証明して話題になった「abc予想」も、定理そのものは高校生でも理解できる「自然な」ものです。けれども、コンピューターには「自然な定理」とは何かがわかりません。

先ほどの四角形の問題をコンピューターに解かせてみようとしたところ、いつまでたっても応答がありません。知人にお願いしてスパコンを使ってみたのですが同じ結果です。そこで理論計算をしてみました。すると、宇宙が始まってから現在までよりも長い時間を要することがわかりました。

数式処理だけではありません。自然言語処理では、そもそも何を計算すればよいのかがわからないような問題が山積みです。つまり、どれもこれもスパコンを使えば計算できるという類のものではありませんでした。その意味で、「スパコンの能力が向上しさえすれば、人間の知性を超えられる」というのは出鱈目（でたらめ）です。量子コンピューターを使っても状況は変わりません。たとえて言うなら、すべての英単語を憶えても、文法をまったく知らなければ、英語を読んだり話したりできないのと同じです。

もちろん、スパコンは不要だというのではありません。スパコンの最も得意な分野は大規模データに基づくシミュレーションです。気象分野ではそれが活用され、天気予報の精度は20年前とは比較にならないほど向上しました。が、だからと言って、ＡＩの能力を向上させるのに役立つとは限らないということです。

量子コンピューターも、横浜アリーナですべての人がネットワークに接続しようとしたとき、どのアクセスポイントにつなげばスムーズかといった問題を解決するには有用です（一方で、現在のＩＤ、パスワードのシステムが一気に崩壊するというとんでもない副作用がありますが）。しかし、過去30年の研究では、量子コンピューターだからこそ高速で計算できる、という本質的なアルゴリズムはたった数種類しか見つかっていないのです。

物凄いスパコンが登場したら、あるいは量子コンピューターが実用化されたら、「真の意味でのＡＩ」ができる、とか、シンギュラリティが到来するという人がどうしてこんなにたくさんいるのか、以前から不思議でなりませんでした。１秒間の演算処理の回数と知性に、科学的な関係があるとは思えないからです。

なぜ、そのような誤解が生まれているのか、最近、理由が少しわかったような気がしました。頭の良い人のことを、「頭の回転が速い」と言いますよね。それは、単なる言葉の綾に過ぎません。ですが、それを科学的な事実だと誤解すると、「1秒間の演算処理回数＝頭の良さ」と思い込んでしまう。しかも、一部の研究者やメディアが「ディープラーニングは人間の脳を模倣したものです」という安易な解説をする。その結果、「スパコンでディープラーニングすれば超頭のいい人と同じ」と早合点する人が増えてしまったのではないでしょうか。

## ビッグデータ幻想

２０１１年に東ロボプロジェクトを始めてから、私は多くの学会や企業に招かれて、東ロボくんをテーマに講演をしてきました。その中には日本のＡＩの研究者が集う人工知能学会や言語処理学会なども含まれます。講演の冒頭で、私は必ず「今から10年後に、ＡＩは東大に合格できるようになると思いますか？」と訊ねることにしています。すると、プロジェクト責任者の私に気を遣ってくださっているのかもしれませんが、概ね、会場の7割以上の方々の答は「イエス」です。

前章で述べたとおり、東ロボプロジェクト開始を決定した国立情報学研究所の研究戦略会議では、近未来にＡＩが東大に合格できると考える人はいませんでした。にもかかわらず、日本のＡＩのプロ集団の多くが東大に合格できると予想している。私はショックを受けました。

合格できると思う根拠は大まかに2つに分類できます。一つは「しばらく前までコンピューター将棋がプロに勝つ日が来るなんて誰も考えていなかった。だから、ＡＩが東大に合格することも起こり得る」という回答です。この「だから」は論理的ではありません。経験則にすらなりません。単なる願望とかロマンの類です。

もう一つは「過去問というビッグデータを使えばできるはず」という回答です。こちらのほうが深刻だと私は思います。第1章で触れた「ＡＩ」や「シンギュラリティ」という言葉が独り歩きして期待を高めているように、「ビッグデータ」もまた、人々の幻想を育んでいると思うからです。

東大合格者のセンター入試の正答率はおおよそ90％です。東ロボくんのセンター模試受験にご協力いただいた代々木ゼミナールから、「英語はほぼ満点を取らないと（東大合格は）無理ですよ」と釘を刺されました。物体認識でも音声認識でも、正答率9割を達成するためには、極めて狭い範囲のタスクを設定したとしても、最低数十万単位のデータが必要です。「英語」という科目だけで考えても、受験生にとっては、発音記号の問題も文法の穴埋め問題も会話の問題も長文読解もリスニングも、まとめて「英語」です。が、機械にとっては一つひとつがまったく別のタスクです。会話の問題は本試験・追試験合わせても1年間に10問程度です。20年分集めても200問。さまざまな予備校や進学塾の模擬試験を集めたとしても1000問に届きません。さらに過酷な状況なのは古文や漢文です。私たちはひとことで「古文」と言いますが、実に千年以上の時代に分布しています。当然、万葉集が編纂された時代と江戸中期の文章では同じ単語でも意味が違いますし、文法も違います。しかも、古文ですから、現存しているもの以上にデータが増えることはありません。

つまり、大学入試ではビッグデータは集めようがないのです。ビッグデータが集まったとしても、それで入試問題が解けるようになるとは限りませんが、多くの方が、そしてAI関連企業の方々やAIの研究者たちさえも、ビッグデータは集まるはずだ、集まりさえすれば東ロボくんは東大に合格できるはずだと、二重の誤解をしているのです。

## 日米の認識の差

対照的だったのは、ワトソンを開発したIBMです。ニューヨークタイムズが東ロボくんを特集したとき、「これほど多様な問題が含まれている入試問題を（たった数年で）高精度で解くのは極めて困難だろう」とコメントしました。ＡＩの課題として、ジョパディ！の問題と、大学入試問題が本質的に異なることを、彼らは知っていたのです。

ＡＩについての認識には、日米間に大きな隔たりがあります。その一つが、ＡＩに対する期待です。東ロボくんへの「買い被り」でもおわかりのとおり、日本ではＡＩの専門家にすら、近未来にＡＩが夢のような世界を実現するという期待がありますが、ＡＩを牽引してきたアメリカでは、ＡＩの実力を冷静に判断している研究者が多いようです。それが、ＩＢＭのコメントに表れています。もう一つ、大きな違いはＡＩへの投資の現実感です。日本ではＡＩへの期待がこれほど大きいのに、国も企業も、何を目指してＡＩ投資をすればよいかというリアリティに欠けていて、大言壮語する研究者に巨額の予算をつけてみたり、とりあえずＡＩコンサルに高額な費用を払ったりと右往左往しているように見えます。私たちが東ロボくんのプロジェクトをスタートしたとき、アメリカではすでにＩＢＭという私企業が10億ドルという巨費を投じてワトソンを開発していたのに、日本には東ロボ以外にＡＩの大規模プロジェクトがなかったのは、象徴的な事実です。

どうしてこのような差が生まれたのか。私は２つ理由があると思っています。

一つは「第五世代コンピューター」の負の遺産です。「第五世代コンピューター」とは、

１９８２年に当時の通商産業省（現経済産業省）が立ち上げた国家プロジェクトです。論理による推論を高速実行する並列推論マシンとそのオペレーティングシステムの構築によって、まさに論理によって自動診断や機械翻訳の実現を目指し、５００億円以上の予算が投下されました。残念ながら、それは手酷い失敗に終わりました。それに懲りたのでしょうか、「ＡＩ」と銘打つ大規模プロジェクトは、その後20年以上日本では事実上凍結されました。東ロボプロジェクトを始めたときに、私はまっさきに「第五」の資料を探しました。どこまでができて、どこで判断を誤り、どのように失敗したか、知りたかったからです。しかし、ほとんど資料は見つかりませんでした。「こんな夢を実現したい」という景気の良い話や、「実は第五は成功した」と強弁する報告書は見つかります。ですが、なぜ失敗したのか、どう失敗したのかという肝心な報告書が存在しないのです。第二次大戦中最悪の作戦と言われたインパール作戦でさえ、検証の手がかりとなる日誌などのドキュメントや証言が残っているのに、それすらありません。結果、「第五の失敗」から学べるものが何一つ残されていないことに愕然としました。失敗に目を閉ざし、なかったものとしているのだとしか思えません。そして、羹（あつもの）に懲りて膾（なます）を吹くかのように、ＡＩのプロジェクトは封印されたのです。

他方、アメリカの企業は日本の失敗に学びました。論理的な手法で自動翻訳などのＡＩ

を開発することに見切りをつけ、統計的手法に舵を切り、グーグル翻訳やワトソンなどで成果を上げたのです。この失敗に学ぶという姿勢が、ＡＩを巡る日米の認識の差を生んでいる一つの理由だと思うのです。

もう一つの理由は、ＡＩへのリアルなニーズが多くの米企業にあることです。

アメリカではグーグルやフェイスブックなどが、途方もないデータが自動で蓄積される「無償サービス」を世界規模で拡大しています。大規模無償サービスでは、「人手をかけずにサービスを提供できるかどうか」を正確に判断することが経営の成否に直結します。例えば、ツイッターは、脅迫などの不適切ツイートや残酷画像やアダルト画像などの不適切画像の削除に、常に追われています。適切と不適切をＡＩが自動判定できるか否かが、ツイッターの存続そのものを左右するのです。

グーグルのサーバー群は常に攻撃に晒されています。攻撃もある種の「文字列」です。どれが通常のアクセスで、どれが悪意ある攻撃なのか、それを判定するＡＩを常に更新しなければなりません。グーグルのストリートビューも同じです。リリース当時、プライバシー侵害だとのクレームがグーグルに大量に寄せられました。道を歩く人の顔や表札の名前などが写っていたからです。ストリートビューのあらゆる画像から、手作業で顔や表札にボカシを入れなければならなかったら、グーグルは破産していたかもしれません。顔の検出が画像検出技術の中でも最も早い段階で実現されたのは、グーグルのような企業が画像処理研究者に巨大な研究助成をしたからに違いありません。ヨーロッパを中心として「忘れられる権利」が定着すれば、それにも対応しなければなりません。そこにはＡＩに巨額投資をするだけの十分な動機があるのです。

一方、日本は基本的にモノづくりの国です。製品を作って販売しています。開発費を上乗せした価格で製品が売れる見込みがなければ、新機能は搭載できません。しかも製造物責任を負う必要もあります。そこで求められる「精度」は、グーグルやフェイスブックのようなユーザー責任の無償サービスとはまったく異なります。つまり、ディープラーニングのような統計に基づく判断で重大事故を招いたとき、モノづくり企業はその責めを負わせられる立場になります。賠償責任だけでなく、事故によるブランド毀損も考えないと簡単に手は出せないでしょう。さらに、日本のモノづくりの現場である工場は、既に世界最先端のロボット化に成功しています。となると、ＡＩをどこに使えばよいのかよくわかりません。もちろん、第五世代コンピューターの失敗が大きな影を落としているという理由もあります。そのようなさまざまな要因が、日米のＡＩに対する認識の差の遠因になっているのではないでしょうか。

## 英語攻略は茨の道

話が横道にそれましたが、なぜ、東ロボくんは東大に合格できないのか、という本題に戻りましょう。

前章で、東ロボくんの世界史の解き方はワトソン同様、基本的に情報検索だとお話ししました。また、数学の問題文に特有の、正確で限定的な語彙から成る文章であれば、論理的な自然言語処理と数式処理の組み合わせでかなりの点数が取れることもお伝えしました。けれども、そのふたつの方法では克服できない科目があります。国語と英語です。

国語は、どう考えても正攻法でなんとかできるとは思えません。そこで、国語チームが試みたのは、センター現代国語で最も配点の大きい傍線部の問題に対し、文字の重複などごく表面的なことから選択肢を選ぶという「荒技」でした。単純に言うと、傍線のついている部分とその前の段落の文を取ってきて、『あ』という文字が何回、『山』という文字が何回」と同じ文字の数を数えて、選択肢のほうも同様に数えて、いちばん重複が多い選択肢を選ぶという方法を採用したのです。文の意味どころか、単語の意味も調べません。無謀と思われるかもしれませんが、この方法で論説文の傍線問題は早々に正答率五割に達しました。しかし、そこから先の成長は見込めませんでした。

英語はさらに難敵でした。プロジェクトが始まった２０１１年に、センター入試の過去問を分析した結果、内部の自然言語処理のチームが「現在の自然言語処理にとって、困難な問題が集中的に詰め込まれている」と言ったのは、現代国語ではなく英語でした。

センター試験の英語は、おおよそ出題パターンが決まっています。第１問は単語の発音とアクセント問題、第２問は文法や語法、語彙など、おもに文法的な問題です。この辺りまでは、現代のＡＩで対応する目途がつきます。と言っても、満点を取るレベルに達する自信があるという意味ではありません。なんらかの統計的手法に依存している限り、満点を取る自信はあり得ません。かなりの精度で「当たる」レベルには達するという意味です。

厳しいと予想されたのは第３問以降です。第３問は英会話、第４問はグラフや図表の理解を前提とした英会話または英文理解、そして第５問は長文読解問題です。私はセンター入試前の、共通一次世代ですから、「英文和訳と和文英訳、文法に語彙」ができれば、かなりの大学に合格できる時代でした。けれども、今はそれだけでは到底太刀打ちできません。特に、第４問で取り上げられる「グラフや図表」の理解はＡＩにとって非常にハードルの高い問題です。なにしろ、過去問を見ると、航空チケットや博物館入場の値段表とかキャンプ場の道具のレンタル料金表と注意事項一覧などを理解しなければなりません。チケットなら、大人１人につき未就学児童２人まで無料とか、障害者手帳を提示すれば無料といった条件までついています。認識率99・9%を誇るような最新のOCRにかけてもエラーが続出します。センター試験の英語を「実用性ゼロの暗記英語」と批判している方々は、おそらく実際にセンター入試の問題を解いたことがないのだと思います。

どこの研究グループならば、英語を克服してくれるだろう——。悩んだ末、私は2013年にNTTのコミュニケーション科学基礎研究所（通称：NTT-CS研）の門を叩きました。NTTはAI冬の時代も一貫して、音声認識、音声合成、機械翻訳、コミュニケーション理解などの研究を精力的に続けてきました。最初にお願いをしたのは機械翻訳のチームでした。そのとき、機械翻訳の若手研究者に言われたことが今でも忘れられません。

「こんなのは、センター英語特有の不自然な英語ですよ。これで点数を出したかったら、センター英語で日英対訳データを100万持ってきてください。そうしたら、考えます」

私たち「人間」は一般に、翻訳と聞くと、特許も新聞もセンター英語もTOEFLも旅行会話も、なんでも同じく日英翻訳だと思います。しかし、機械はそうではありません。特許翻訳用に作られたAIは旅行翻訳では使えないし、旅行翻訳用に作られたAIは国際会議では使えません。20歳近くも年少の研究者に、「100万コーパス（言語データ）を持ってこい」と言い放たれたことは、私にとって非常に良い経験になりました。

## ２００点満点で１２０点を目標に英語チーム結成

そのような厳しい状況の中で、「面白そうだからやってみよう」と手を挙げてくださったのは、ＮＴＴドコモの「しゃべってコンシェル」開発の中心メンバーだった東中竜一郎さんとＮＴＴ出身の大学の研究者の方々でした。彼らを中心に、東ロボくん英語チームが結成されました。

ＡＩの現状での実力を考えると、第4問以降は「鉛筆を転がす」程度の正解率から大幅にアップするのは難しそうでした。そのため、まずは第3問までの問題で、どのくらいの量のコーパスを集めればどのくらいの正答率を得られるのかがもっぱらの関心事でした。でも、配点は後ろの問題ほど高くなります。つまり、東ロボくんにはとても不利な配点です。

英語チームは「２００点満点で１２０点」を、最初の5年間の目標に掲げました。第1問と第2問を完璧に固め、第3問は正答率70％を目指し、第4問と第5問のうち、機械翻訳や情報集約の技術で解けそうな問題をしっかり解くことで、確実に１００点を積み上げる。それ以外は当面は運を天に任せる――「鉛筆を転がす」とも言います――ことにしました。鉛筆を転がすよりほんの少し運が良ければ、残りの１００点で20点上乗せできて、

200点満点で120点、偏差値55がクリアできると考えたのです。英語で偏差値50を超えれば、合格できる大学が飛躍的に増えます。

けれども、満点を目指した第1問と第2問でも、目標はなかなか達成できませんでした。行く手を阻んだのは「常識」の壁でした。

## 常識の壁

研究室のドアを開けて入ってきたロボットが、冷蔵庫を開けて中にある缶ジュースを取り出して人に渡す——最先端のヒューマノイドロボットのデモでよく見る光景です。けれども、現状では、そのロボットを、たとえば読者のみなさんのどなたかの家に派遣しても、冷蔵庫から缶ジュースを持ってくることができるわけではありません。そのようなデモを成功させるには、裏で多くの「人」が待機して、「想定外」のことが起こらないように、手に汗を握って見守っているのです。言い換えると、こうしたデモには、綿密に作られたシナリオがあるのです。撮影に使う冷蔵庫やそのドアはどのような形状か、どうすれば開くのか、あらかじめプログラムされています。しかも、冷蔵庫の中に入っているのは、多くの場合、缶ジュース一本だけです。応用問題として、ビールとコーラとジュースが間隔を空けて置いてある場合もあるかもしれません。けれども、冷蔵庫が牛乳や野菜や使いかけのドレッシングでぎゅうぎゅうというようなことはありません。つまり、非常に限定された条件でなければ、ロボットには冷蔵庫から缶ジュースを取り出すということさえ、簡単ではないということです。ロボットが、「将棋の名人に勝てても、近所のお使いにすら行けない」と揶揄される理由はここにあります。

技術は進んでいるはずなのに、なぜ、こんな単純なことができないのか、不思議に思われましたか。いえ、そうではありません。私たち人間が「単純だ」と思っている行動は、ロボットにとっては単純どころか、非常に複雑なのです。冷蔵庫から缶ジュースを取り出すという単純な作業を行うとき、人間はとてつもない量の常識を働かしています。缶ジュースはどこにあるのか。押し入れや靴箱には入っていない。冷蔵庫にあるはずだ。冷蔵庫はどこにあるか。玄関ではない。台所だ。そのドアはどうすれば開くか。そもそも缶ジュースとはどのような物か。冷蔵庫のどこを探せば見つかるか。ジュースを取り出すとき、邪魔になるものはどうするか。冷蔵庫にジュースがなかったらどうするか……、こんな複雑なことを一瞬のうちに判断しているのです。

私たちの日常は予想できないことで満ちており、さまざまな場面で、常識や柔軟性を働かせて問題を解決しなければなりません。リアルタイム画像認識の精度が高まったり、そんな採算が取れそうにないデータを集める企業があるかどうかは別として、「ドアの開閉」についてのビッグデータが集まったりすれば、今よりは融通がきくロボットは開発できるでしょう。けれども、ロボットが中学生程度の常識や柔軟性を身につけて、日常のさまざまな場面で役に立っているという未来像は、現状の技術の先には見えません。私たちにとっては、「中学生が身につけている程度の常識」であっても、それは莫大な量の常識であり、それをＡＩやロボットに教えることは、とてつもなく難しいことなのです。

## １５０億文を暗記させる

２０１４年の秋、東ロボくんはセンター模試の英語のテストに臨みました。１問目の発音とアクセントの問題は無難に突破し、過去問では84％の精度を達成していた語句整序問題に取りかかりました。

語句整序問題とは、たとえばこのような問題です。

> This problem is too [ ] [ ] [ ] [ ] [ ] [ ] ease.

右記の未完成の文章の6つの箇所に、(complex, me, solve, for, to, with) を適切に入れて正しい文にしなさい。

受験生なら、語彙と文法、構文の知識を使ってこの問題を解きます。tooを手掛かりに、(too＋形容詞＋for人＋to動詞の原形) という構文にあてはめ、意味のある文章を完成させるという仕方です。

一方、英語の問題を解くために、東ロボくんには文法も構文も一切教えていません。東ロボくんに教えたのは例文だけです。その数は、10億単語から成る3300万の例文でした。私が受験生だったころ、駿台予備校が出版している『基本英文700選』という参考書は大変な人気がありました。私はそれを暗記して一橋大学に合格しました。それに比べると4万倍以上の英文を憶えさせたのです。

語句整序の問題を解くために、東ロボくんは憶えた例文を検索します。例題は6つの単語の語順の並べ替えですから、可能性は6×5×4×3×2×1で720通りです。その順列で作った文章を、大雑把に言うなら片っ端から検索するのです。すると、たとえば「problem is this with too solve complex me for to ease.」という語順はあり得ませんから検索してもヒットしません。間違いだということです。文法を教え込まなくても、「多くの人が使う語順が、正しい語順」なのです。そのような方法で、「This problem is too complex for me to solve with ease.」という正解の語順に辿り着こうという作戦でした。

ベンチマークの上で84%という精度を出し、自信をもって挑んだ2014年のセンター模試の語句整序問題でしたが、その年、東ロボくんが正解できたのは3問中たった1問だけでした。正答率33%。そのとき、私の電話が鳴りました。英語チームで語句整序を担当していた杉山弘晃さんです。「今年からセンター模試の傾向が突然変わりました。過去問と全然違います。こんなのフェアではありません」と言うのです。私はすぐに模試を提供してくださったベネッセに問い合わせました。

「今年は問題の傾向が変わりましたか？　東ロボくんは惨敗でした」

「そうですか……。例年どおりの作問で、特に変更は意識していません。受験生の正答率も例年どおりですが……」

つまり、受験生にとっては過去問と同じような問題が、東ロボくんにとっては「全然違う」問題だったということです。

東ロボくんが、つまずいたのは、こんな問題でした。

①～⑥の語を並べて、適切な文を作れ。

Maiko: Did you walk to Mary's house from here in this hot weather?
Henry: Yes. I was very thirsty when I arrived. So □□□□□□ drink.

① asked ② cold ③ for ④ I ⑤ something ⑥ to

マイコさんとヘンリー君の会話です。マイコさんが、「この暑いのにあなたはメアリーの家まで歩いて行ったの?」と訊ねます。ヘンリー君は「そうなんだ。だから、着いたとき、すごく喉が乾いていて、So □□□□□□ drink.」と答えました。3300万文を検索して、2つの候補まで絞り込みました。

So Cold. I asked for something to drink.（寒くて、飲み物を頼んだ）
So I asked for something cold to drink.（冷たい飲み物を頼んだ）

どちらも文法的にはおかしくありません。東ロボくんが選んだのは、先にヒットした答でした。人間だったら、暑いときには寒くないことがわかります。けれども、東ロボくんにはそんな当たり前のことがわかりませんでした。つまり、過去の2度のＡＩブーム同様に「常識の壁」に阻まれたのです。

解答の精度を上げるため、英語チームがとった戦略は記憶させる例文を増やすことでした。常識を教え込むのはハードルが高すぎたからです。英語チームは５００億単語からなる19億文を学習させて２０１６年の模試に挑み、語句整序問題で満点を獲得しました。目標どおり、大問の第１問、第２問の「単語問題、単文問題」はほぼ１００％の精度で解答しました。

しかし、７割の正答率を目標としていた第3問の「複文問題」つまり、会話文作成の精度は思うように上がりませんでした。たとえばこんな問題です。

次の会話の空欄に入れるのに最も適当なものを、それぞれ①〜④のうちから一つずつ選べ。

Nate: We're almost at the bookstore. We just have to walk for another few minutes.

Sunil: Wait. [　　]

Nate: Oh, thank you. That always happens.
Sunil: Didn't you tie your shoe just five minutes ago?
Nate: Yes, I did. But I'll tie it more carefully this time.

① We walked for a long time.
② We're almost there.
③ Your shoes look expensive.
④ Your shoelace is untied.

(訳)

ネイト　もうすぐ本屋だよ。あと2、3分かな。
スニール　ちょっと。［　］
ネイト　サンキュー。よくあるんだよね。
スニール　5分前に結んでなかったっけ?
ネイト　だね。今度はしっかり結んどくよ。

空欄にいれるべき文は次のうちどれでしょう。

①随分歩いたね
②もうすぐだね
③いい靴だね
④靴の紐ほどけてるよ

正解は④の「靴の紐ほどけてるよ」です。が、東ロボくんは②の「もうすぐだね」を選んでしまい、2016年度の英会話完成問題の正答率は4割に届きませんでした。

会話するAIは、グーグル、アマゾン、マイクロソフト、IBM、ソフトバンクなどAIに取り組む世界中の企業が躍起になっている分野です。本当に会話するAIが実現するならば、当然、センター入試の4択の会話文完成問題に正解する程度のことはできなければならないはずです。けれども、AIはそんなレベルにはまったく到達できていません。それは東ロボくんだけではないのです。

英語チームが東ロボくんに学習させた英文は、最終的には150億文に上りました。それでも、英会話完成のたかだか四択問題の正答率すら画期的に向上させることはできませんでした。英語チームはディープラーニングの活用に貪欲でした。しかし、英会話完成のみならず、論旨要約など試したすべての問題において、ディープラーニングは既存の手法よりも出来が悪かったのです。全力を尽くした英語チームがディープラーニングの限界を目撃した瞬間でした。東ロボの価値はまさにここにあるのです。英語チームが経験したような「失敗」は論文に掲載されることはありません。ニュースで取り上げられることもありません。取り上げられるのは、ディープラーニングがうまくいったときだけです。でも、あなたの会社にとって有用なのは成功の情報だけでしょうか。どれだけ投資してもディープラーニングはうまくいかない、という情報こそが今まさに喉から手が出るほど必要なのではありませんか。東ロボはあなたの代わりに、身を切ってそれを実証して公開したのです。

それに対して、「150億なんて取るに足りない。今後、その百倍、万倍のデータが手に入るようになる」と予想した方がいました。けれども、それもまたビッグデータ幻想です。もちろん、ネット上には毎日大量の英文が書き込まれています。ツイッターだけでも物凄い量です。ですが、先にも触れたとおり、人間にとっては同じ英語でも、AIにとっては、特許の文書の英語と新聞の英語、センター試験の英語問題の英語はまったく別物です。センター英語の正答率を高めるのに必要なのは「間違いのないお手本のような英語」です。ツイッター上でのやりとりで、「お手本のような日本語」が使われている割合を考えれば、英語で書かれたツイッターでも、それがいかに少ないかは容易に想像できます。そんなものはいくら増えても何の役にも立ちません。

正しい文章を書ける人が限定的であり、文章を書くのに時間がかかり、そして、画像の教師データを「水増し」するように、手本となる文から自動的に意味を変えずに、一万倍に増やす方法が見つからない限り、150億文を万倍にすることなどできません。

それでもなお、東ロボプロジェクトに対して「なぜ諦めるのだ。『真の意味でのＡＩ』を目指して頑張れ」という声が少なからずあります。ですが、冒頭でもお伝えした通り、私たちが目指したのは、近未来のＡＩの可能性と限界をすべての人がわかるような形で公開することでした。ですからその声援（?）は、「真の意味のＡＩが実現できる」、「シンギュラリティが到来する」と主張している研究者にこそ向けられるべきものでしょう。「あなたたちはもうすぐシンギュラリティが来ると主張しているではないか。なにをぐずぐずしているんだ。東大入試を突破することで、シンギュラリティの到来を証明してくれ！」と。

# 意味を理解しないＡＩ

## コンピューターは計算機

スマートフォンの普及で、ＡＩは私たちにとって身近なアイテムになりました。街を歩けば、おいしいラーメン屋さんの情報や電車の乗換案内など、なんでもスマートフォンに教えてもらっている人の姿を見かけます。

私がどこにいても、勤め先のある神保町までの行き方を教えてとお願いすると、スマートフォンはすぐに教えてくれます。頂きものの松茸をおいしく料理する方法だって、なんでもこいです。ですから、スマートフォン、つまりＡＩは私たちの質問の意味を理解し考えてから、答を教えてくれているのだと思っている人も多いと思います。

けれど、ＡＩは意味を理解しているわけではありません。ＡＩは入力に応じて「計算」し、答を出力しているに過ぎません。ＡＩの目覚しい発達に目が眩んで忘れている方も多いと思いますが、コンピューターは計算機なのです。計算機ですから、できることは基本的には四則演算だけです。ＡＩには、意味を理解できる仕組みが入っているわけではなくて、あくまでも、「あたかも意味を理解しているようなふり」をしているのです。しかも、使っているのは足し算と掛け算だけです。

ＡＩ（コンピューター）が計算機であるということは、ＡＩには計算できないこと、基本的には、足し算と掛け算の式に翻訳できないことは処理できないことを意味します。ですから、ＡＩ研究者は、世の中のあらゆることを、たとえば、画像処理をするための方法を、質問に応答する方法を、あるいは英語を日本語に翻訳する方法を数式で表そうとして、日々、頭をフル回転させているのです。

## 数学の歴史

世の中のあらゆることとは言わないまでも、人間の認識や人間が認識している事象の大半を数式に翻訳することができ、しかもそれらが計算可能な式ならば、「真の意味でのＡＩ」が完成する日は遠くないかもしれません。けれど、それは今の段階では原理的に不可能だと私は考えています。数学には表現できることが限られているからです。

人間の認識や人間が認識している事象を数式に翻訳する――。それはそのまま数学の歴史だったと言うことができます。

17世紀イタリアの天文学者ガリレオ・ガリレイは「宇宙は数学の言葉で書かれている」と言いました。ガリレイが登場する前の、中世の数学は、どちらかと言うと神学や占いのような存在でした。6という数は、約数である1と2と3を足すとちょうど6になることから「完全数」と呼ばれています。しかも、それは神が天地創造をするのにかかった日数と一致します。だから――この「だから」もまったく論理的ではありませんが――、完全数を研究することで世界の成り立ちや、神の真の意思に触れることができるのではないか、と信じられていたほどです。

中世には、アラビア半島を経由してインドの数学がヨーロッパに伝わっています。貿易が盛んになると、商取引で合理的なアラビア数字が使われるようになり、計算が飛躍的に速くなりました。そして、計算技術の向上は天文学の発展に大きく寄与しました。

その天文学の中心地フランスでとんでもないことが起こります。15世紀のフランスで2人の教皇が互いに正当性を主張した、「教会大分裂（シスマ）」と呼ばれるカトリック史に残る大事件です。パリ大学の教員たちはどちらを支持するか二者択一を迫られました。少数派だったドイツ系の教員たちはパリ大学を去らざるを得なくなります。そんな彼らに、ウィーンのハプスブルク家が手を差し伸べました。しかし、天文学者としてではありません。占星術者として招かれたのです。

天候が農作物の作柄に影響を及ぼし、作柄は国勢を左右しますから、統治者のハプスブルク家にとって占星は一大関心事でした。当時の人々は太陽も星も月も雲もみな同じ場所にあるものと捉え、太陽や月、星の観測データを収集・分析すれば天候や作柄が予測できると考えていました。大気圏と宇宙空間の別を知らない当時としては、無理からぬことでしょう。それはともかくとして、ドイツ系の天文学者を多数受け入れたことで、中世のウィーンで占星術が花開くことになります。そうです。現代において、「真の意味のＡＩ」が待望されている状況と酷似しています。

当時の天文学者たちは膨大な「天文ビッグデータ」を計算する必要に迫られます。占いを外せば命に関わるでしょうから、必死だったに違いありません。その過程で生まれて、現在も使われているものがあります。3・14のような十進小数表示です。それ以前は、古代バビロニア時代から営々と六十進法の分数を使っていました。それでは計算効率が悪くてしょうがない。膨大な計算の必要に迫られて意図せずに十進小数が生まれたのです。

十進小数まで開発して計算に勤しんだ彼らには気の毒ですが、中世の「ビッグデータ占い」は理論的に誤りでした。今では誰もが知ることですが、年間降雨量の予測のために遥かかなたの星を観測するのは、宝くじの番号から当たり外れを予想するのと同じくらい無駄なことです。中世のビッグデータ科学の成果は、近代科学の登場によって完全に上書きされることになりました。

天文ビッグデータを用いることで、その年の作柄から、生まれた皇子の運まで、すべてを予測したいと熱望したハプスブルク家の姿は、私には、数学とは何かを理解せずに「ビッグデータでＡＩが実現できる」と信じる人々の姿に重なって見えます。

けれども、十進小数や対数など計算の技術は残りました。殊に、対数の発見は天文学者の寿命を2倍にしたと言われるほどの計算革命でした。それらが、ガリレイが出現し得る環境を準備したことは間違いありません。

さて、宇宙を説明するために、ガリレオ・ガリレイが挑戦したのは、天体や落下するものなど、動いているものを数学で表現することでした。言葉を換えると、それまで止まっているものについての記述しかなかった数学に、時間についての記述を加えようと最初の挑戦を試みたのが、ガリレオ・ガリレイです。そのために彼は、中世に移る時に、ヨーロッパで一度失われた、古代ギリシャの幾何学の言葉を使うことを選びました。

幾何の言葉というのは、「三角形の内角の和は１８０度」であるとか、「三角形のどんな二辺の長さの和も、他の一辺の長さより大きい」とか、「三平方の定理」とか、そういう知識を表現するための言葉です。数学の古典と言われるユークリッド原論を読んでいただくとわかりますが、そこにはいわゆる数式は出てきません。論理的な言葉で説明されているだけです。

古代文明から始まり、ギリシャ・ローマ時代の数学の知識を集大成したユークリッド原論でしたが、そこには三角形や四角形など確定しているもの、つまり静止しているものについての記述があるだけで、動いている事象についての記述はありませんでした。けれども、物事を論理的に説明する方法は、ほぼ完成していたのです。その言葉を、動くものに対して用いることで、物体の運動をうまく説明できるようになりました。高校の物理で習う、等速直線運動や自由落下は、それぞれ１次関数や２次関数で表すことができます。こうして数学、特に関数は、近代科学、特に物理学を支える言葉になっていったのです。

それから約50年後、「確率」という概念が、同時多発的にヨーロッパで発見されます。発見者の一人が、「人間は考える葦である」で有名なパスカルです。確率の教科書には、１６５４年にシュバリエ・ド・メレというギャンブル好きの貴族が、「賭けの勝負がつかないうちに何らかの理由で中止したとき、賭け金をどう配分すればよいか？」とパスカルに相談したのが確率の発見のきっかけだと、よく紹介されています。それから僅か10年足らずで、現代の確率の基礎となる理論は確立されました。科学というのは、ある一人の人間の突然のひらめきで生まれるというより、機が熟すと同時多発的に「言葉として」発見されることが多いように思います。数学の言葉の発展は線形的なものではありません。ある時期、指数的に発展し、その言葉を食い尽くすと、安定し、その後はごくゆっくりと発展するようになるのです。

17世紀の後半にニュートンが万有引力の法則を発見したころ、数学は著しく発展します。それに貢献したのがニュートンと同じ時期に微積分を発見したライプニッツでした。彼はそれまで複雑で難解な言葉で書かれていた数学を、$y=f(x)$ というような、記号の列で表現する抜群のセンスがありました。たとえば、こんな数式です。

$$2x+1=5$$
$$2x=5-1$$
$$2x=4$$
$$x=2$$

中学校で学習する1次方程式です。最初の式を見た瞬間に無意識に式変換をして $x=2$ を求めてしまった方もいるに違いありません。そうです。無意識にです。つまり、何をしているか理解することなしにです。記号化して手続きを法則化することで、理解はしていなくても、数学を活用できる人の数は爆発的に増えました。そうでなければ、公立の中学校で全員が数学を学ぶことなどできません。ライプニッツの登場により、それまでごく一部、人口の0・1％未満の人にしか理解できなかった数学は大衆化されました。

数学の4000年以上の歴史の中で、最後に発見されたのが、統計の言葉です。統計の「実践」自体の歴史は古く、旧約聖書には、ダビデ王が人口調査をしたことが神の怒りを買い、3日間の疫病が起こり7万人のイスラエルの民が死んだとの記述があります。神の怒りを恐れ、アメリカのある州では18世紀になっても人口調査が行われなかったと言われています。

統計に大きな光を当てたのは、フローレンス・ナイチンゲールです。「クリミアの天使」と呼ばれ、看護師の祖と言われるあのナイチンゲールです。彼女は非常に論理的な女性で、病棟の管理や日常の看護について詳細な記録をつけ、傷病兵の死亡者数や感染症の数を記録しました。そして、統計データの数値の変化から、病棟のベッドの適切な間隔や換気の必要性、シーツの洗浄法などを科学的に割り出しました。

クリミアから戻ったナイチンゲールは、イギリスの病院改革に着手しました。ところが、当時のヴィクトリア女王は数字を見るのが何より嫌いでした。そこで、女王が数字を見ることなしに理解できるように、ナイチンゲールはパイチャート（円グラフ）などのグラフを考案し、カラフルな図にして女王の説得に成功したと言われています。

現在、ビッグデータと機械学習で活躍しているのは、その統計で、中でも、ベイズ統計と呼ばれる方法論がよく使われています。

けれども、統計には未解明の課題もあります。論理と確率の言葉は、数学の中で明確に位置づけられましたが、統計が論理的に何を意味するのか、本当のところ、まだ解明されたとは言い難いことです。

## 論理と確率・統計

話が少し逸れてしまいましたが、長い歴史を通して、数学は、人間の認識や、人間が認識している事象を説明する手段として、論理と確率、統計という言葉を獲得してきた、あるいは、獲得できたのはその3つの言葉だけだった、というのがこの話の要点です。四則演算や幾何学や高校で習う2次関数や三角関数などは、論理的に、つまり演繹的に言えることです。論理と言っても、たとえば、日常の言葉として「彼女は論理的だね」と表現するときの論理とは別物です。「A＝BかつA＝CであればB＝Cである」などという厳密な論理です。万有引力の法則やニュートン力学は、これによって非常にうまく記述できました。

一方、世界には論理だけでは説明できない事象があります。たとえば、落下という現象を詳しく観察すると、必ずしも万有引力の法則で計算したとおりにはなりません。羽など軽いものが落下するところを想像すれば、よくおわかりいただけると思います。あるいは高温の溶鉱炉の中での空気の流れや温度も、非常に細かく見ていくと計算どおりには変化していません。分子や電子の動きが関係してくる世界では、もはや、たった一つの電子についてすら確実に予測することはできません。ランダムな要素が加わるからです。それを表現するのは確率です。確率では、「サイコロを振って1の目が出るかどうか」を当てることはできません。けれど、何度も振れば6回に1回の割合で1の目が出ると考えてよい。確率とは、ランダムに起こる事象について、次に何が起こるかは予測できなくても、大量の数のうちどのくらいの割合で起こるかがわかるようになるという理論なのです。確率の理論が確立されたことで、安全に溶鉱炉を動かすことができるようになり、保険や個人融資が博打ではなくなりました。

論理に確率を加えてもまだ表現できないこともあります。論理のように確実に起こるのでも、サイコロのようにまったくランダムに起こるのでもないような事柄です。そのときに力を発揮するのが統計です。

過去のデータから「この気圧配置だと明日の東京の最低気温は3度だろう」と予想をしたり、治験のデータからAとBという治療法のどちらがより特定の癌に効くかということを判断する上で効果的です。特に、論理と確率で扱うことが難しいのが、人間の意志です。株価や大統領選挙の行方など、人間の意志による事柄を論理だけで予測することはできませんし、かといって、サイコロを振るようにランダムに決まっているとも思えません。そこで、次善の策として、観測可能な情報（アンケートなど）と過去のデータからそこに潜む規則性をなんとか見出そうとするのが統計なのです。未来の予測に役立てるのです。確率と統計は似ているようですが、アプローチの仕方がまったく反対です。確率は理論から結果を予測しますが、統計はデータが先にあって、データの分析で仮説を見つけるのです。

数学は4000年の時間をかけて、論理、確率、統計という表現手段を獲得しました。けれども、反対の言い方をすると、数学が説明できるのは、論理的に言えることと、確率・統計で表現できることだけだということです。つまり、先述のとおり、数学で表現できることは非常に限られているということです。

論理、確率、統計。これが4000年以上の数学の歴史で発見された数学の言葉のすべてです。そして、それが、科学が使える言葉のすべてです。次世代スパコンや量子コンピューターが開発されようとも、非ノイマン型と言おうとも、コンピューターが使えるのは、この3つの言葉だけです。

「真の意味でのAI」とは、人間と同じような知能を持ったAIのことでした。ただし、AIは計算機ですから、数式、つまり数学の言葉に置き換えることのできないことは計算できません。では、私たちの知能の営みは、すべて論理と確率、統計に置き換えることができるでしょうか。残念ですが、そうはならないでしょう。

数学には超越数という概念があります。たとえば、「$x^2+5x+6=0$」のような多項式の方程式の解にはならないような実数のことです。円周率$\pi$や自然対数の底である$e$は超越数です。超越数は、そうでない数に比べると途方もなく膨大に存在することが理論的にはわかっています。けれども、$\pi$や$e$とそれらの組み合わせ以外の超越数はほとんど見つかっていません。「$\pi$や$e$は神様が作った特別の数だから」などと中世の数学者のようなことを言う人がいますが、多分そうではありません。単に、超越数を発見するための数学の言葉が圧倒的に足りていないのだと思われます。

数学が発見した、論理、確率、統計にはもう一つ決定的に欠けていることがあります。それは「意味」を記述する方法がないということです。数学は基本的に形式として表現されたものに関する学問ですから、意味としては「真・偽」の2つしかありません。「ソクラテスは人である。人は皆死ぬ。よって、ソクラテスも死ぬ」のようなことしか演繹できないし、意味はわからないというより表現できないのです。

いかがでしょうか。少しは、数学とは何かについて、理解する助けとなったでしょうか。数学は、論理的に言えること、確率的に言えること、統計的に言えることは、実に美しく表現することができますが、それ以外のことは表現できません。人間なら簡単に理解できる、「私はあなたが好きだ」と「私はカレーライスが好きだ」との本質的な意味の違いも、数学で表現するには非常に高いハードルがあります。これが、東ロボくんの成績が伸び悩んでいる根本的な原因だと言えるでしょう。

本章の最初に、いまのＡＩの延長では偏差値65の壁は超えられないと申し上げたのは、このような理由があるからです。

## Ｓｉｒｉ（シリ）は賢者か？

### 近くにあるまずいイタリア料理店

コンピューターには意味が理解できません。それが、真の意味でのＡＩが実現できない大きな壁になっています。東ロボくんが東大合格圏内に近づけない理由もそこにあります。もちろん、手をこまねいているわけではありません。ＡＩの研究者たちは、意味がわからないのは仕方がないとしても、ＡＩがなんとか意味がわかっているかのように振る舞えるようにするために不断の努力を積み重ねてきました。その一つの結果が、Ｓｉｒｉに代表される音声認識応答システムです。

では、Ｓｉｒｉはどのくらい賢いのでしょう。

たとえば、「この近くのおいしいイタリア料理の店は」と、訊いてみてください。Ｓｉｒｉは、ＧＰＳで位置情報を判断して、近くにある「おいしい」イタリア料理の店を推薦してくれるはずです。でも、それは話のポイントではありません。次に「この近くのまずいイタリア料理の店は」と訊ねてみてください。すると、似たような店を推薦します。評判の悪い店から順に表示することはありません。Ｓｉｒｉには「まずい」と「おいしい」の違いがわからないのです。さらに、「この近くのイタリア料理以外のレストランは」と訊いてみてください。また、似たような店を推薦します。つまり「以外の」ということがわからないということです。

誤解のないように申し上げますが、私はＳｉｒｉの名誉を傷つけようと思っているわけではありません。東ロボくんも暑いと寒いの違いがわかりません。読者のみなさんもお気づきのように、このような場合、悪いのはＳｉｒｉではなく、「イタリア料理以外」などという紛らわしいことを訊いた人間のほうです。ちょっと気が利いた人なら、「イタリア料理以外」ではなく「和食」とか「中華」と話しかければよかったのです。上手に使いこなせば、Ｓｉｒｉは十二分にその実力を発揮してくれます。少なくとも、以前のようにグルメ本やタウン情報誌を買ったり立ち読みしたりする必要はありません。

けれども、一方で、Ｓｉｒｉの真の実力はお伝えしたいとも思うのです。ＡＩが人間の仕事をすべて肩代わりする時代が来るとか、近い将来にシンギュラリティが到来するといった短絡的な予測や期待が的外れであることを知っていただくためです。

Ｓｉｒｉは質問応答ツールで、使われているのは音声認識技術と情報検索技術です。ここで問題となるのは情報検索技術のほうです。後ほど詳しく説明しますが、現在の情報検索や自然言語処理は、基本的に論理で処理させることは当面諦めて、統計と確率の手法でＡＩに言語を学習させようとしています。つまり、文章の意味はわからなくても、その文章に出てくる既知の単語とその組み合わせから統計的に推測して、正しそうな回答を導き出そうとしているのです。そして、統計の元になるデータは、多くの人が日々Ｓｉｒｉに話しかけることでどんどん大きくなり、それを用いて自律的に機械学習を重ねることで、その精度が上がっていく仕組みになっています。ただし、その精度が１００％になることはありません。確率と統計には、そもそもそんな機能がないからです。

「おいしいイタリア料理」「まずいイタリア料理」という質問に対して、Ｓｉｒｉの回答が同じになったのは、「まずいレストラン」を探す人が少ないので、「まずい」という言葉の重要度が小さいと見做されたためです。一方、「以外の」がわからないのは、論理を導入することが本質的に困難だからです。統計で作ったシステムに中途半端に論理を持ち込むと、精度がかえって下がることが知られています。

ただし、この本が出版されてしばらくたったころには、「この近くのまずいイタリア料理の店は？」と聞くと、結果が違ってくる可能性もあります。多くの読者が「まずいイタリア料理店」とか「まずいラーメン屋」などと、Ｓｉｒｉにやたらに質問した結果、「おいしい」と「まずい」を区別するようになっている可能性があるからです。それより、もっとありそうなのは、この本を読んだ「中の人」が躍起になって寝ずにパラメーター調整をした可能性です。「中の人」というのは、Ｓｉｒｉの開発チームの人のことです。Ｓｉｒｉに対して「結婚して！」と言うと、「私は結婚するようなタイプじゃないですよ」とか「他の製品にも同じことを言っているのでしょう」と絶妙な返事をしたりするのは、機械学習によるものではありません。「中の人」が手作業で作り込んでいるのです。

ここで、読者のみなさんにクイズです。どんな質問をすれば、さらに「賢く」なったＳｉｒｉが実は意味を理解していないことを暴くことができるでしょうか。是非、考えてみてください。

繰り返しますが、Ｓｉｒｉを貶めようとしているのではありません。ここに、ＡＩと自然言語処理の、そしてその大元である数学の限界があることを知っていただきたいからです。Ｓｉｒｉだけではなく、グーグルもワトソンも、同じ結果になるはずです。

２０１７年4月にＴＥＤに招かれ講演をしたとき、同じセッションにＳｉｒｉのメインエンジニアであるトム・グルーバーがいました。当然、Ｓｉｒｉがいかに言葉を理解するようになったかという内容の講演になるはずでした。意図したわけではありませんが、東ロボくんの講演で私が先にＡＩがどんな風に世界史の問題を解くかのネタバレをしてしまったので、トムはきっと話しづらかっただろうと思います。彼はそっと私に声をかけました。「紀子、君が言っていることは正しい。ＡＩは意味を理解しない」――。

Ｓｉｒｉが現在採用している統計と確率の手法を用いた自然言語処理技術では、機械が意味を理解できるようにはなりません。けれども、評判のいいレストランを探すとか、明日の天気を知りたいとか、実用的な情報を手っ取り早く知りたいときや、暇つぶしに、どうということのない話相手が欲しいときに使うのならば、今よりずっと優秀なＡＩは登場することでしょう。

## 論理では攻略できない自然言語処理

さて、統計的な手法が登場する以前、自然言語処理の技術を使う自動翻訳や質問応答の分野では、研究者たちはＡＩに文法などの言葉のルールを憶えさせ、論理的、演繹的な手法で精度を上げようとしました。けれど、その手法は何度試みても失敗を繰り返しました。２０００年代以降の唯一の成功事例は、東ロボくんの数学解答システムだと思います。

ＡＩに文法を教えて、日本語の構文を解釈させようとすると、一つの文章の構文を正しく解釈するだけでも、文節に区切る、どの部分が主語でどこが述語なのか、どれが修飾語でその被修飾語はどれなど、さまざまな可能性をしらみつぶしに調べていかなければなりません。そのくらいなら東ロボくんにもできますが、言語には他にもさまざまなルールがあります。たとえば、次の文章について考えてみます。

警報機は絶対に分解や改造をしないでください。
未成年者は絶対に飲酒や喫煙をしないでください。

例示した2つの文章は、一見して構造的には似ているように見えますが、日本語をよく理解している人なら、まったく違う構造だということはすぐにわかります。後者の主語は「未成年者」ですが、前者の主語が「警報機」であることはありえません。警報機が何かを分解したり改造したりすることはないからです。日本語の文法ではそういう言い方はしませんが、英文法風に説明すると、警報機は「分解する」と「改造する」という動詞の目的語です。それをＡＩに理解させるためには、あらかじめ無生物である警報機が分解したり、改造したりすることはないことを教えておかなければなりません。しかし、『不思議の国のアリス』のようなファンタジーならば、ありえるかもしれません。つまり、演繹的な手法で自動翻訳を実現するには、文法だけではなく、精緻な言語のルールを準備しておかなければならないのです。しかも、ルールは人間が一つひとつ書いていかなければなりません。さらに、「翻訳」ですから、日本語だけではなく、翻訳したい対象の言語についても同じことをしなければなりません。

もしそのようなことができたとしても、ルールを増やしていくと、文章を入力してから翻訳が出力されるまで、途方もなく長い時間がかかってしまう可能性もあります。どのくらいの時間かと言うと、次世代スパコンを持ってきても地球滅亡の日までかかる、というようなことが起こるのです。その上、ルールを作り上げたとしても、女子高生が新しい言葉とその使い方を発明するたびにルールを調整しなければならないというイタチごっこが続きます。つまり、論理的な手法では、原理的に自動翻訳が可能であったとしても、事実上は不可能だということです。だからこそ、私たちは東ロボに論理を持ち込むことを「数学」と「物理」の一部に限定したのです。

現在のＡＩは、論理的に文章を読んだり考えたりすることはできません。前章で紹介したワトソンも例外ではありません。人間であれば、「本作は『ジュピター』のニックネームを持つ。モーツァルトが作った最後の交響曲である」という文から、「本作」とは「交響曲第41番」であることや、それが「モーツァルトの最後の交響曲」であることを理解して、「モーツァルトの最後の交響曲と同じ名前を持つ惑星はジュピターだな」ということがわかります。けれども、こんな簡単なことが、ＡＩにはとてつもなく難しいのです。

そう言うと、多くの人が怪訝な顔をします。将棋でプロを負かすことを考えれば、朝飯前なのでは？　誰もがそう思います。今でも、少なくないＡＩ研究者もそう考えているようです。しかし、予想に反して、大量の常識の暗記と簡単な論理推論によって、どんな質問にも答えられるＡＩを作る構想は、失敗を繰り返してきました。

## 統計と確率なら案外当たる

前述したとおり、現在、自然言語処理で成功した企業は、皆、この失敗から学んでいます。大量の常識の暗記と簡単な論理推論による質問応答や自動翻訳を実現することに見切りをつけた後、数学に残された別の言葉でこの難題に挑みました。統計と確率です。ただし、統計では論理のような確実な推論は難しい。さらには、見たことがない例に対してどう判断するかは予想がつきません。けれども、結構当たります。そうなのです。論理も理解もないのに、「結構当たる」のです。東ロボくんも、英語では同じ方針でセンター試験に挑んできました。１５０億文を憶えさせたのには、そういう理由があったのです。

ＩＢＭが開発したワトソンもそうです。ワトソンは論理を操りません。ワトソンは、文章を読んで人間のように理解するＡＩではありません。ワトソンは「統計」を使って難題に挑みました。「ジョパディ！」でチャンピオンになったワトソンは、「ウィキペディアは事典である。事典には、人の探し物を手伝うために整備されている。そういうとき、人はどのように書く傾向があるか」ということを統計的に割り出し、それに基づいて答を探しています。

ワトソンがみずほ銀行のコールセンターや東大の医科学研究所に導入されたことは先にも触れました。コールセンターと病気診断というまったく異なる業種に、続けて導入できたのであれば、２つの可能性しかありません。一つはワトソンが「真の意味でのＡＩ」である可能性。もう一つは、ワトソンが実は非常にシンプルな作りであって、対象が違うだけで同じことをしているという可能性です。残念ながら答は後者です。

東大の医科研に導入されたワトソンは、「医学論文は、人に新しい医学的発見を伝えるために書かれている。そういうとき、人はどのように書く傾向があるか」「電子カルテは、医師が患者の診療経過などを記録するものである。そういうとき、人はどのように書く傾向があるか」ということを統計的に割り出すことで、病名を「探し出す」支援をすることができるのです。

けれど、ワトソンが、東大の医師が半年間見つけられなかった難病を診断したというニユースを「ワトソンの診断能力が人間を上回った」と理解するのは誤りです。ワトソンには診断はできません。知識も論理も常識もないのに診断するのは不可能だからです。さらに不適切でもあります。ワトソンは、医師が専門的知識と常識と論理と倫理観に基づいて診断をする上で必要となる「探し物」を手伝っているに過ぎません。

「結果的に人間より診断精度が高いのなら、機械に診断を任せたほうが安心なのでは」と思う人もいるかもしれません。が、それは間違いです。Ｓｉｒｉを思い出してください。近くにあるイタリア料理店をあっという間に探してくれる一方で、「おいしい」と「まずい」や、「イタリア料理」と「イタリア料理以外」の区別がつかないのがＡＩの実力です。そんなＡＩに命に関わる診断を完全に委ねることができるでしょうか。私はご遠慮しておきたいと思います。

# 奇妙なピアノ曲

## 確率過程

Ｓｉｒｉのような音声質問応答の他にも、研究開発が続けられてきた分野があります。自動で文章を書いたり、絵を描いたり、作曲をしたりといった分野です。そこでは、確率過程の理論が使われています。文書の自動生成や自動作曲の技術が目覚しい発展を遂げれば、ＡＩが直木賞を受賞するような小説を書いたり、現代音楽の世界に新境地を開く楽曲を作曲したり、ピカソばりの傑作を描いたりする日が訪れるという予測を立てる研究者がいますが、私にはまったく理解できません。意味を理解できないＡＩにそのようなことができるはずがないからです。その理由を述べる前に、まず、確率過程について簡単に説明しておきます。

水に落としたインクやミルクが徐々に広がっていく様子、タバコの煙が空気中に漂う様子……。それらは「ブラウン運動」と呼ばれています。ミルクやタバコの粒子は熱運動する媒質の分子の不規則な衝突のためにランダムに動き、拡散していきます。この現象は20世紀になって数学の一大研究対象となり、確率過程という研究分野を生みました。りんごを落とすとどうなるかというような、結果が一つに決まる運動ではなく、ランダムネスが大きな役割を果たすような運動について解明しようという分野です。

ＡＩに作曲や文書生成をさせるにはどうしたらよいか考えてみます。もし、「ドの次はラ」とか「『さ』の次は『て』」だといったように、「次」が決まっているのであれば、典型的なプログラムや関数に落とし込むことができます。高等学校で学習する2次関数や三角関数の延長です。しかし、「次」がはっきりとは決まっていない場合は、関数、つまり論理だけでは先に進めることはできません。

このような場合、工学や経済学では、数学の本棚に行って使えそうな道具を探すのが常套手段となっています。キーワードは「次」です。「次」というのは、時系列で話が進むときに使う言葉です。数学では「次」を扱うときには、まず「それは確率過程だ」と考えてみるのがセオリーです。

「すごろく」を考えてみます。最初にサイコロを振る。出た目の数を進む。また、サイコロを振って進む。その繰り返しです。楽曲の進み方もこれに似ています。最初の音を決め、次の音を決める。その繰り返しです。けれども、次の音はサイコロを振るように完全にランダムに決めるわけではありません。音をランダムに並べても楽曲にならないからです。このようなとき、楽曲がそれとして成立するためには、次の音は完全にランダムではなく、なんらかの確率分布に従っていると考えてみます。

けれども、「ドの次に何の音がくるのか」ということが、どのような確率分布に従っているかについて書かれた教科書はありません。ではどうするか。観察です。それが17世紀に近代科学が始まって以来の伝統です。パスカルもニュートンも、観察して大発見をしました。

とりあえず、過去の音楽を聞いてみることにします。けれども、バッハとビートルズと沖縄民謡ではテイストが違い過ぎます。ごちゃまぜにしたら、何の音楽なのかわからないものができてしまいそうです。確率分布に違いがある可能性も否定できません。そこで、同じジャンルの音楽を集めてみることにします。

**自動作曲**

アルファ碁で一躍有名になったイギリスのディープマインド社はロマン派のピアノ曲をＡＩに学習させ、確率過程を使って自動作曲に挑みました。ディープマインド社はグーグルが4億ドルという高値で買収したことでも知られています。同社のサイトでは、ニューラルネットがロマン派のピアノ曲を学習して出力した五種類の「曲」を聞くことができます。デモはどれも10秒程度です。初めてその曲を聞いたとき、あまりの衝撃で私は笑い出してしまいました。いかにもロマン派のピアノ曲らしい抒情的な旋律、ためらいがちなクレッシェンド、そしてドラマティックなフォルテ……。下手の横好きに過ぎませんが、大学院での私の副専攻はピアノ科でした。

実は、ディープマインド社が学習させたのは譜面ではありません。音楽そのものです。つまり、ホロヴィッツもポリーニもアルゲリッチも、なにもかもただ「波形」として入力し、全部混ぜて特徴量を抽出し、確率過程に乗せて波形を繰り出しただけなのです。ピアノの音がスタインウェイっぽいのもうなずけます。

確率過程の理論を活用した自動作曲や文章の自動生成といった研究開発は、これまでも盛んに行われてきました。特に力を入れて研究されてきたのが、テキストを与えたときに自然な抑揚と間の取り方で読み上げさせる音声合成です。すでに、交通機関のアナウンスやeラーニングコンテンツの読み上げなどで、私たちは音声合成に日常的に接しています。これまでは、耳にすると「あ、音声合成だな」とわかる程度に、アクセントや抑揚、間の取り方に不自然な感じが残っていました。

ディープマインド社はロマン派のピアノ曲を機械に作曲させたのと同じ方法で、音声合成の世界にも革命をもたらしました。同社のサイトでは、女性と男性の声で、短い英語のセンテンスを自動合成したデモも公開されています。ネイティブが注意して聞くとわかるといいますが、その短いデモでは、日本人の私には機械と人間の区別はつかないほど流暢です。多くの音声合成研究者が、このデモを聞いた瞬間に、これまで自分が何年も取り組んできた研究テーマが終わってしまったことを痛感したに違いありません。

## とりあえず、無視する

確率過程の理論を使った、作曲や音声合成とはどのような仕組みなのでしょうか。

中学校で確率を学びます。コインを投げるとき、表が出る確率は2分の1、裏が出る確率も同じです。サイコロを投げるときは1の目が出る確率も6の目が出る確率も6分の1です。では、1組より2組のほうが、来週の中間試験の数学のテストの平均点が高い確率はどうでしょう?　わかる気がしません。来週まではまだ1週間あります。1組と2組、どちらにより「やる気」があるか、つまり、一生懸命にテスト勉強をするのかもわかりません。困りました。困ったときはどうするか。実は、「とりあえず無視する」か「適当にパラメーターを入れておく」が、科学の常套手段です。たとえば、「やる気」のような観測も数量化もできそうにないものは無視します。あるいは「やる気」を五段階で自己申告してもらうというような非科学的な方法でパラメーターを決めて数理モデルに落とし込みます。それによって予測するのです。言い換えると、生徒という意志を持つ一人ひとりを、サイコロのようなものだと考えてモデルを作るのです。私たちのような数学者には、倫理感が歯止めになって到底そんなことはできません。でも、工学者や教育学者は、意図的かそれとも意識せずにか、真の世界と確率を混同することで開発を進めます。工学者を貶めているのではありません。数学者が許容できる範囲だけで科学が進んだならば、決して、飛行機が飛ぶことも新幹線が走ることも、ありませんでした。技術の進展のためには、工学者的割り切りが必要な場合があります。

音楽生成も画像生成も文書生成も、基本的にそういう方針に立っています。「この音楽で何を表現したいか」「この絵は何をテーマとしているか」といった種類のことは、「やる気」と同じで観測も数量化もできないから無視して、「ロマン主義風のピアノ曲」とか「ゴッホ風の絵」というような生成するものの特徴の分布と、実際のロマン主義のピアノ曲やゴッホの絵の分布の差が最小になることを目標にします。「差が最小になるように」というのは18世紀に微分積分が生まれて以降、最もよく使われる数学の道具の一ってです。

その結果生み出されたのが、思わず笑ってしまうほど「いかにも！」なメロディだったのです。

ただし、この話には続きがあります。ディープマインド社の「ロマン主義的なピアノ曲」は、デモで10秒だけ聞くと確かにそれらしく聞こえますが、長く聞くには堪えないのです。曲がどこに向かっているのかさっぱりわからない。だんだんイライラしてきます。同じことが、ゴッホの絵を集めてディープラーニングにかけて生成した絵にもあてはまります。局所的には確かにゴッホらしいのに、全体を見ると滅茶苦茶なのです。テーマがなんなのかさっぱりわかりません。グーグルは、こうして生成された「絵」を、ディープラーニングが見た「夢」として、２０１４年に発表しました。

### 「意味」は観測不能

音楽や絵画の評価は、主観的なものだという立場があります。ＡＩが作ったピアノ曲がショパンのノクターンよりも素晴らしいと言う人の主張を論理で明確に否定する術はありません。もしかすると、素人の多くもどちらが優れているか判断できないかもしれない。

ならば、もうＡＩに作曲させればいいじゃないかと極論を主張する人も出るでしょう。

けれども、誰がどう考えても確率過程だけで成り立っているとは思えないものもあります。それが言葉です。発話には意図があり、それに応じるところには意味の理解があるというのは否定しようのない事実です。言語コミュニケーションも、互いに言いたいことを言って、理解もせずに満足しているだけだ、結局のところ、猿の毛づくろい（グルーミング）程度のものに過ぎないとうそぶくのは自由ですが、たとえば、今、私が書いている文章が、私と読者との間のグルーミングで意味などないと決めつけるのはさすがに無理です。言葉には明らかに記号の羅列以上の「意味」があります。

ところが「意味」は観測不能です。

そう言うと一部のＡＩ研究者は猛然と反論します。たとえば、「机の上にりんごと鉛筆がある」という文に対して、実際に机の上にりんごと鉛筆がのっている画像を合成できたら、それはＡＩが文の意味を理解したことになると主張します。

本当にそうでしょうか。では、「太郎は花子が好きだ」はどんな画像にするのでしょう。「本当にそうでしょうか」は？　さらに言えば、『「太郎は花子が好きだ」はどんな画像にするのだろう』という文は？「そんなことは不可能だろう」という文は？

人間は身振り手振りや図では表現できないことこそを、言葉や文章で表現しています。

この本に書かれていることは、画像にも動画にもできません。キーワードを拾ってもわかりません。速読もできません。読者の方にはお忙しいところ、大変なご苦労をかけて申し訳ありませんが、まさに一文一文読んで、意味を受け止め、今私がお伝えしたいことをご理解していただく以外に方法はありません。

「太郎は花子が好きだ」という文は、まさにそのとおりの意味で、何か他のものに還元することはできません。「花子は太郎に好かれている」と受け身に変換したり、「Taro loves Hanako」と英語に翻訳できたりしたからと言って、意味を理解していることにはなりません。人間ならば誰もがわかる「そのとおりの意味」をAIに教える道具は、少なくとも数学にはありません。そして、繰り返し申し上げているように、コンピューター上で動くソフトウェアに過ぎないAIは徹頭徹尾数学だけでできているのです。

**やっぱり、私は福島にならない。**

実際に、確率過程だけを使って、意味を考えずに文章生成をするとどうなるか。スマホの予測変換のトップに表示された単語だけを使って文を作ってみると、疑似体験することができます。

最初の文字を入力します。これはまったくランダムです。たとえば「や」を入力すると、私のスマホでは予測変換の欄のトップには「やっぱり」が出てきます。それを選びます。次に出てくる候補は「、」です。それを選ぶと、また「、」が出てきます。予測変換のシステムが設定している確率過程がネタ切れしてしまったようです。確率過程を動かすには、きっかけが必要です。ブラウン運動がスタートするきっかけを作るインクの最初の一滴のようなものが必要なのです。

もう一度、ランダムに文字を入力します。「わ」を入れてみます。「私は」が出てきます。すると次は「福島に」が出てきました。今週、福島に出張に行ってきたので、私がスマホに「私は福島に」というフレーズを書いたことを記憶していたのです。次は、なぜか「ならない」でした。そして「。」です。出来上がったのは、

やっぱり、私は福島にならない。

という文でした。馬鹿々々しい、と思われた方もおられると思います。でも、もしかすると、結果は

やヴうぇおヴぃつじぇいぼわけんし、めりちゃべけおちゃうぇうん。

という文になっていた可能性もあります。にもかかわらず、意味不明ではあったとしても、「やっぱり、私は福島にならない。」を機械は自力で生成したのです。句読点を打つ場所といい、主語を「私」としたところといい、否定のつけかたといい、ものすごく「自然」です。ディープマインド社が生み出すロマン派のピアノ曲が「自然」である程度に、そしてグーグル翻訳が「自然」である程度に、自然だと言えるレベルです。それを達成したのが確率過程と統計に基づく言語モデルです。この技術は、極めて画期的で素晴らしい技術なのです。その達成には「意図や意味などの観測できないものは無視して、確率と統計を意図的に混同する」という、なかなか数学者ではできないような思い切りの良さが必要だったとも言えるでしょう。

画期的ですが、これだけでは使い物にはなりません。これでは、東大に合格するのは無理です。

# 機械翻訳

**やふーほんやく⇓×**

音声認識応答技術ではアップルの「Ｓｉｒｉ（シリ）」、グーグルの「ＯＫグーグル」、ＮＴＴドコモの「しゃべってコンシェル」などが鎬（しのぎ）を削っていますが、ＡＩ関連各社が激しい競争を繰り広げている分野がもう一つあります。機械翻訳です。外国語が苦手だと思っている人が多い日本人には、まさに夢のアイテムで、すでに多くの人が利用しています。ですが、日常会話や、ちょっとした翻訳の助けにはなっても、厳密さが求められる、たとえば、電気製品のマニュアルだとか、契約書、学術論文などではまったく実用に耐えるレベルではありません。

とは言え、前世紀にはほとんど使い物にならなかった機械翻訳の精度は、２０００年代に入って随分改善されました。それでも、実力はまだまだという印象でした。２０１４年にグーグル翻訳の精度を試してみたことがあります。

図書館の前で待ち合わせしませんか。

ビッグデータ上の統計的機械翻訳を採用しているグーグル翻訳は次のように翻訳しました。

Do not wait in front of the library.（図書館の前で待たないでください）

入試なら零点です。機械翻訳ではヤフー翻訳も有名ですが、２０１４年ごろまでは精度に大差はなく、たとえば、日本語で書いたビジネスメールを機械翻訳でスワヒリ語に訳して送信するという勇気は湧きませんでした。尾籠（びろう）な話で恐縮ですが、「明日はどの便に空席がありますか？」の「便」をグーグル翻訳が誤訳してしまい、大恥をかいた日本人ビジネスマンがいたという話も聞いたことがあります。

日英、英日のグーグル翻訳の精度が急激に上がったことに気づいたのは２０１６年11月の初旬のことでした。そのころ、私は友人と、機械翻訳が起こすエラーに関する論文を書いていました。論文を書く前にもう一度グーグル翻訳の実力を試してみて驚きました。翻訳の質が以前とはまったく違っていたからです。特に劇的によくなったのは、訳の正確さではなく、出力される英語の「英語らしさ」でした。

ディープラーニングを本格的に導入したのだなと思いました。私は、どんな仕組みで自然な日英の翻訳ができるようになったのかを探るために、グーグル翻訳にさまざまな日本語文を入れてみました。すると、こんな弱点が見つかりました。

入力した日本語
「ボタンを白、黒、白、黒、黒、黒、白、白、黒、白、白、白、黒の順に押す」

2017年10月30日現在の結果はこうです。

Press the button in order of white, black, white, black, black, black, white, white, black, white, white, black.
(ボタンを白、黒、白、黒、黒、黒、白、白、黒、白、白、黒の順に押す)

白のボタンを押す回数が合いません。その後も間を空けて何度か試してみましたが、その度にボタンを押す回数が微妙に違います。正確になったかと思ったら、また、間違うということが起きるのです。そのことから、現在グーグル翻訳が用いている方法はどうも、そのベースとなった２０１４年のサッツカヴァーらの方法の弱点を受け継いでいるのではないかという結論に達しました。サッツカヴァーらの方法を図にするとこうです。

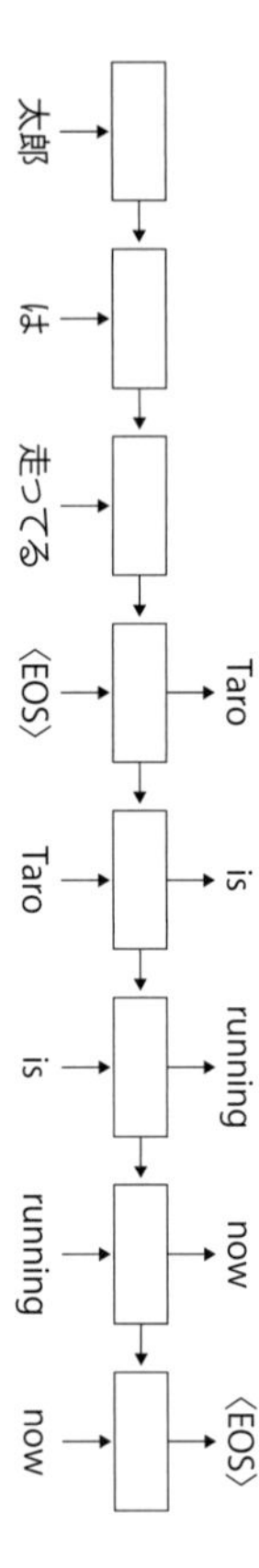


〈ＥＯＳ〉というのは「ここで文が終わりました」というための記号だと考えてください。ここからは専門的になりますので、興味がない方は以下の4行は読み飛ばしてください。まず、「太郎」「は」「走ってる」という単語を順次入力し、ディープラーニングで前のステップの隠れ層と入力単語から次の隠れ層を計算します。日本語入力が終わったら確率過程を用いて英単語を一つずつ出力していきます。出力部の隠れ層は前のステップの隠れ層と一つ前に出力した英単語から計算します。

　というわけで、「太郎は走ってる」をまとめて、ある「タネ」を作り、それに基づいて、出力すべき単語を言語モデルに基づいて出力し、「タネ」が尽きたら、そこで終了するということです。ですが、「タネ」の正体は、隠れ層の上に並んだ高々1000個ほどの数値の列に過ぎません。長い文、複雑な構文になると適当になってしまう。だからボタンの数を間違えたというのが、論文を書いていた私と友人の推理でした。

**私は先週、山口と広島に行った。**

グーグル翻訳のような統計的機械翻訳には、学習のために大量の対訳データが必要です。統計的機械翻訳は、文法も語彙も学ばず常識も身につけずに、学習した対訳データと言語モデルに基づいて一番良さそうな語の並びを出力しているだけですから、精度を上げるには、データを増やすしかない仕組みになっているのです。

実際にグーグル翻訳を使ってみましょう。

入力　私は先週、山口と広島に行った。
出力　I went to Yamaguchi and Hiroshima last week.

正しい翻訳です。けれども、山口は、実は山口県のことではなく、友人の山口だったらどうでしょう。誤訳になってしまいます。実際、「私は先週、山際と広島に行った」と入力すると、グーグル翻訳は「I went to Yamagiwa and Hiroshima last week.」と出力します。ここに意味を理解しないＡＩの機械翻訳の限界があります。

会話文では、さらに難易度が上がります。通常の文と会話文は、まったく性質が異なるからです。会話文は疑問文や応答文が多く、日本語では主語がしばしば省略されます。２０１７年9月17日現在でも、グーグル翻訳は比較的平易な文を訳し損ねています。

入力　How many children do you have?
出力　あなたはどのように多くの子どもがありますか？

こういう誤訳は時間の問題で改善されると期待されますが、最も難しそうなのは、一番単純な文「No.」の訳です。「いいえ」と訳せば9割方は正解ですが、否定疑問文の応答ならば「はい」と訳さなければなりません。それは、現状の機械翻訳の仕組みでは難しいでしょう。

機械翻訳はグローバル化する社会にとって不可欠なツールだと思います。たとえば、パリのホテルでテレビをつけたら、どうやらテロが起きたらしいことがわかった。でも、フランス語も英語もわからない。そんなとき、レポーターの報告が瞬時に日本語に翻訳できたら、物凄く助かります。それが不自然な日本語だろうが、語順がおかしかろうが、そんなことは些細なことです。たとえ断片的な情報であっても有難いと思うはずです。

それは、日本で暮らしている日本語の読み書きができない外国人も同じでしょう。けれども、自治体が発行するさまざまな書類や、学校のホームページや通信などをすべて各国語に翻訳する予算などありません。日本のテレビでバイリンガルの放送は非常に限られています。あったとしても英語だけです。機械翻訳にそれができるようになれば素晴らしいことだと思います。

けれども、現状の「意味をまったく考えない機械翻訳」を見ていると、それが人間による翻訳を代替する日は来ないだろうとも思うのです。

## オリンピックまでに多言語音声翻訳は完成するか

日本でも情報通信研究機構（ＮＩＣＴ）が２０２０年の東京五輪を目標に多言語音声翻訳に取り組んでいます。スマートフォンを想定して、音声で入力した外国語を日本語に、日本語を外国語に翻訳するためのシステムの開発です。対象は多言語ですから、多言語音声認識も大変な技術ですが、すでに、スマートフォンやパソコンでの音声認識が実用化されていることを考えると、開発に大きな問題はなさそうでした。問題は機械翻訳の部分です。

私は、内閣府に設置されている総合科学技術・イノベーション会議のシステム基盤技術検討会委員として、NICTの計画に助言をする立場にありました。最大の課題は、どれほど画期的なアルゴリズムを開発するかではありません。どのような方法で機械に学習させるためのデータを収集するのか、そして一体誰がその作業を担当し、管理するのかが課題でした。

機械翻訳に必要なデータは、単なる英文や日本語文ではありません。対訳データです。「太郎は花子のことが好きだ ⇔ Taro loves Hanako」のような対訳データが膨大に必要です。問題はその数です。100万組では焼け石に水で、1000万組ぐらい集まればだいぶましになりそうな気がしますが、その先、いったいどれだけ集めれば、実用に耐えるほどの精度になるのか、担当している研究者も含めて誰にもわかりませんでした。それでは予算を組みようがありません。

当然のことですが、まず、世の中にある利用できる限りの対訳を集めることを考えます。

対訳と聞くと、名作の翻訳がすぐに頭に浮かびますが、著作権処理上の理由で利用するのは難しいと思われました。新聞の一部の面は英訳されています。旅行会話集やワンポイント英会話のような実用本も使えそうです。国際特許のデータベースを利用すれば、日本語、英語、中国語の対訳は見つかるでしょう。国際企業のプレスリリースも活用できるかもしれません。製品のオンラインマニュアルも使えそうです。

他にすぐ思いつくのはウィキペディアですが、あまり期待できそうにありませんでした。英語版と日本語版では記述が多い分野と少ない分野に偏りがあって、対訳データとするために必要な重なる部分が少ない上、英語版からの翻訳は、知識と英語の素養が十分にある人の訳とは限らず、単にグーグル翻訳の出力を張り付けただけというものも散見されるからです。

探せるだけの対訳データを収集したとしても、それからがもっと大変です。手に入る既存の対訳データで機械翻訳の精度が出なかった場合には、人海戦術で新たに対訳データを作るしかないからです。

NICTの提案書には、プロのライターを雇用して日本語の文章を書かせ、それを翻訳のプロに翻訳させて対訳データをコツコツ作るとありました。私はそれでは数が足りないと案じて、クラウドソーシングを提案しました。たとえば、文部科学省と連携して、スーパーグローバルハイスクールに選定されている高校の生徒や、英会話を勉強している中高年にボランティアで対訳を作っていただくという作戦です。けれど、大がかりなクラウドソーシングを動かすには、それを管理する部署が必要になり、かえってコスト高になるとの反論がありました。

それにクラウドソーシングには、思わぬ落とし穴があります。

グーグルでは、世界中の膨大かつ日々増殖するウェブデータを取得し、どのページ同士が対訳関係になっているかをおおよそ把握しています。それに加え、翻訳の精度を上げるために、グーグルは大胆に一般ユーザーを活用しています。グーグル翻訳を利用したユーザーが誰でも翻訳の精度向上に貢献できる仕組みです。ウェブ上に無料で公開されているグーグル翻訳を利用すると、出力された翻訳文の下方に「情報の修正を提案」というリンクが表示されます。グーグル翻訳が提案した翻訳が間違っていると思ったら、そこに修正案を書き込むことができるのです。

ところが、精度向上のためのこのリンクは諸刃の剣となることがあります。これは私が発見したエラーですが、入力ボックスに「ぐーぐるほんやく」と入力して英語に翻訳させると、出力ボックスに放送禁止用語が表示されたのです。さらに「やふーほんやく」と入力したら、今度は「×」と表示されました。誰かがいたずらして、このような対訳をグーグル翻訳に教えたに違いありません。

その事実をツイッターに投稿すると大騒ぎになりました。それらの誤訳は数時間もたたないうちに修正されました。さすがグーグルです。けれども、ニューラルネットが学習の過程で一度汚染されると、それを完全にクリーンにすることは難しいようで、その後も「ぐーぐるほんやく１００」など、「ぐーぐるほんやく」に何かを付け加えた言葉を入力すると奇妙な翻訳が出力されるといった報告が相次ぎました。

グーグル翻訳のように汚染のリスクを織り込んで対訳の量を目指すか、それともＮＩＣＴのようにきれいな対訳を手作りするか。どちらが正解なのか。販売を目指すのであれば、ＮＩＣＴの判断は妥当のように思います。しかし、無償のグーグル翻訳に世界中のユーザーが依存し、慣れ親しんで、そのエラーも含めて受容してしまったとき、有償の機械翻訳がビジネスとして成立するのか。そこは非常に難しい判断でしょう。特に、対訳データが不足しすぎている現状では、厳密な機械翻訳が求められる国際会議やビジネスシーンで使う翻訳機を、統計的手法の機械翻訳で製造し、製造物責任のリスクまで負うのは、得策とは考えられません。

## 画像認識の陥穽

自然言語処理技術の限界と同じようなことが画像認識の分野にもあります。

リアルタイム物体検出システム「YOLO」の登場に衝撃を受けたことは先述しました。けれども、それによってAIが「目」を獲得したと考えるのは早計です。確かにYOLOは驚くべき速さで物体を検知し追跡することができますが、それには条件があります。検知すべき物体をあらかじめ学習させておくことです。画像認識では、画像に写っている物体から、「あらかじめ学習させておいた物体」を探すことはできても、学習させていない物体を見つけることは本質的に難しく、現状ではその方法論が見つかっていないのです。つまり、「制約をまったく設けない実世界シーンの画像に含まれる物体を認識する」ための一般物体認識のアルゴリズム（手順）は見つかっていないし、そこに辿り着くための理論も確立されていないということです。先にも触れたフレーム問題です。

フレーム問題以外にも、現状の画像認識や音声認識システムには、実用化する上で、決定的な問題点が2つあります。一つは、AIの目であるカメラ、耳であるマイクというハードウェアがバージョンアップしたときに起こります。現在、最もAIに期待がかかっている画像診断では、そのリスクが問題になっています。

ＭＲＩやマンモグラフィーを病院で受けて、写真を示しながら「きれいな写真ですね。心配いりません」とか「ここに腫瘍が見えますね。念のために再検査しましょう」とか言われたことがある方は少なくないでしょう。「きれい」とも思わないし、腫瘍がどこにあるのかもわからない。でも、「先生がそう言っているならそうだろう」と思ったはずです。つまり、ハードであるカメラはまだ発展途上だということです。

強化学習以外の機械学習にまず必要なのは教師データです。「この画像は正常です」「この画像はここに癌が写っています」と、ＡＩに教えるために人間が作るデータです。それらの画像は、デジタル、すなわちピクセル値行列でできています。その解像度が上がったり、規格が変わったとき、ハードの「視力アップ」に追随するには、教師データを作るところからすべてやり直さなければなりません。画像認識や音声認識の最前線で戦っている何人もの優秀な研究者から直接確認したことですから間違いありません。

医師には「きれい」に見えても、患者にはそれがわからないＭＲＩなど画像診断系のハードは発展途上で、究極の目標は、まるで患部を直接見ているような解像度で表示することです。つまり、今より高性能のハードができれば、これまでの教師データはゴミ箱行きということです。

ですから、画像認識や音声認識など、入力系にカメラやマイクを利用するＡＩの導入を検討する際には、ハードが変わるたびに教師データを作り直さなければならない、つまり、ハードの買い替えだけではなく、教師データの再作成にも費用がかかることを念頭に入れておかなければなりません。

もう一つ、セキュリティも問題です。機械学習やディープラーニングが最初に画像で成果を上げたのには理由があると、前章で述べました。自然言語とは異なり、画像は全体が部分の比較的単純な和になっているからでした。けれども、それが仇となることがあります。

高性能の物体検出システムを使ってこんな実験をします。第1章で触れたように、画像認識技術は、全体の画像が部分の和でできていることを前提にしています。イチゴらしさが多ければイチゴと判断する。普通の写真ならば、それでOKです。しかし、これを逆手に取って、画像にある細工をするのです。人間の目からは、どんな細工がなされたかわからないような微妙な細工です。そうすると、YOLOのような高性能なシステムでも、パニックに陥って、すべての画像を「イチゴだ」と突如判定するのです。

ディープラーニングの一般書の多くは、複数の層を用いて目や鼻というパーツを認識した上で、それらを総合して「顔」とか「猫」だと判断している、と解説をしています。もしそれが真実ならば、このようなエラーは起こり得ません。しかし、実際は、ピクセルごとの「位置、色、輝度」の特徴の和で判定しているに過ぎないので、こうした人工的な細工に弱いのです。ディープラーニングがどれだけ向上しても、悪意による画像改竄は避けようがないと理論的には考えられています。

画像認識技術を実用化し、鍵の代わりに顔認証を導入する動きがありますが、そこにはこんなリスクが潜んでいます。

# シンギュラリティは到来しない

## AIはロマンではない

ＡＩはロマンではありません。ＡＩは電子レンジがそうであるのと同じように、技術です。すべての技術には可能性と限界があります。過去のイノベーションを見れば一目瞭然です。ＡＩも例外ではありません。だとすれば、重要なのはその可能性と限界の非常にデリケートで入り組んだ状況を、まず自ら手を動かして体験することです。2011年の段階でワトソンを開発したIBMの技術陣は、それを経験していたからこそ、2021年までにAIが日本の大学入試で最難関校に合格するのは無理だと、わかっていたのです。

科学や技術とは「なんだかよくわからないけれども複雑なこと」を、数学の言葉を使って言語化し、説明していく営みです。それと同時に、言語化できなかったことを、痛みをもって記憶することでもあります。そして、前者以上に後者が大切です。

「物理学の自然というのは自然をたわめた不自然な作りものだ。一度この作りものを通って、それからまた自然にもどるのが学問の本質そのものだろう。しかし、これでとらえられない面がものごとにはあるにちがいない。活動しゃしんで運動を見る方法がつまり学問の方法だろう。無限の連続を有限のコマにかたづけてしまう。しかし、絵描きはもっと他の方法で運動をあらわしている。吾々は物ごとを有限の概念にかたづけてでなければ物が考えられないくせがついてしまった。しかしこれは何といっても無理にかたづけたものであるから、本のものそのものではない」(原文ママ)

ノーベル物理学賞受賞者の朝永振一郎がドイツに留学していた若き日に記した日記(「滞独日記(一九三八年四月七日~一九四〇年九月八日)」より、『朝永振一郎著作集 別巻2 日記・書簡』みすず書房)の一節です。

言語化し数値化し測定し数理モデル化するということは、つまり「無理にかたづける」ことなのです。かたづける腕力を持つのと同時に、そこで豊かさが失われることの痛みを知っている人だけが、一流の科学者や、技術者たりうるのだと思います。

ワトソンが解いたファクトイドと一般質問応答はどう違うか。一般質問応答とセンター入試はどこが違うか。センター入試の問題を解くことと知性の決定的違いはどこにあるのか。物体検出と画像認識はどう違うか。現状の物体検出を理想の物体検出に近づけるには、精度以外に何が決定的に足りないか。画像認識と「見る」ことはどう似ていて、どう似ていないか——。その違いを一旦無視しなければ数理モデルを作ることはできません。違いばかりに気を取られて、最初の一歩を踏み出せなければ科学も技術も生まれません。他方、数理モデルと現実との違いを明確に感じることのできる感受性と責任感を欠いていると、重大なリスクを見落とします。さらには社会的受容性を見誤り、売れない商品やサービスに投資することになります。ＡＩへの過度の期待は、違いを感じ取る感性を鈍らせてしまいます。「似ている」と「似ていない」の両方をフェアに、冷徹に見据えることなしに、まともな技術は生まれないのです。

## 科学の限界に謙虚であること

もう一つ、私が科学者として肝に銘じていることがあります。それは、科学を過信せず、科学の限界に謙虚であることです。

スパコンを使っても東ロボくんの成績は上がらないという話をしましたが、その項でも触れたとおり、気象シミュレーションのようにスパコンが大活躍する分野もあります。日本は、地震や火山の噴火、台風など自然災害の多い国です。大量の観測データから、リアルタイムで予測・予報をするためにスパコンは不可欠です。20年前、週間天気予報がこれほど当たる日が来るなど誰も予想していませんでした。下駄を飛ばして表が出たら晴れ、裏が出たら雨、というのとさほど変わらないなどと陰口を叩かれていました。けれども、どうでしょう。今は誰もがテレビで、あるいはスマホで天気予報を見てからその日の服装や傘を持つかどうかを決めています。特に、2014年に気象衛星ひまわり8号が投入されてからは予報精度が一層上がりました。

ひまわり8号は放射計を搭載しています。最先端の観測技術です。米国や欧州などに先駆けて運用を開始した次世代静止気象衛星で、それまでのひまわりに比べ、大幅に解像度も向上し国際的な注目を集めています。7号の画像と比べると、雲ができる過程などが鮮明かつスムーズに観測できることがわかります。まるで宇宙船に乗って地球をこの目で見下ろしているような解像度です。

ひまわり8号の打ち上げから約1年半後の２０１６年11月22日午前5時59分に、東日本大震災の余震が発生しました。震災から5年8ヵ月後のことです。震源地は福島県沖。それまでも余震を繰り返していた海域でした。福島県中通り、福島県浜通りなどで震度５弱を観測。気象庁は津波の可能性について、すぐに検討を開始しました。午前6時２分、宮城県などに津波注意報が出されました。予想の波の高さが０・２メートル以上１メートル以下の場合には注意報が出されます。しかし、地震発生から約２時間後の午前8時３分に仙台港に到達した津波の高さは１・４メートル。予想の高さが１メートルを超え３メートル以下の場合は警報となるので、結局、津波到達後に、注意報を警報に切り替えるというドタバタ劇になってしまいました。

２０１１年の東日本大震災では、最初に津波の大きさを過小に予想してしまい、それが人的被害を拡大させたと批判されました。それを誰よりも痛みを持って受け止めたのは、気象庁だったに違いありません。長い期間余震は続くと予想されましたから、センサーを増やし、海底の地形の測量も精緻化したはずです。そして、ひまわりも新しくなりました。もちろんスパコンも最新です。

それでも予測を誤ったのです。

原因はプログラムのバグにあったのでしょうか。そうではなさそうです。地震が起こったときには、震源地と深さを推測します。これは確立した技術と考えられています。複数の地点でS波やP波で観測して逆算すれば震源の位置がわかるというのが基本的な理論です。高校の物理でも学習します。その震源から波が伝わります。波も高校物理で学ぶ基本的な物理現象です。もちろん、波は海底の地形や潮の満ち干の影響も受けます。それらもすべて基本的な物理現象です。物理現象というのは、論理的には計算により予測可能であるはずだという意味です。

未来の地震を予測するという話ではありません。すでに発生した地震に起因する、2時間後の津波の高さの予測の話です。それでも予想ははずれました。東日本大震災の教訓を胸に刻み、装備を向上し、研鑽を積み、最善を尽くしたにもかかわらずです。

気象庁を批判しているのではありません。高校の物理教科書に出てくるような基本的な物理現象であっても、私たちは未だに完全には把握したり予測したりすることができていない。それが科学の現実なのです。その事実に、私たちは謙虚でなければならないと思います。そして、科学は、いくらその必要があって社会がそれを過度に期待していても、時が熟さなければ前に進みません。

## 論理、確率、統計に還元できない意味

今、「シンギュラリティ」という言葉が時代の寵児のように受け止められています。その日が来ることを、たとえば、1960年代に、人類が月面着陸に成功する瞬間を、わくわくして待ち侘びたのと同じように、心待ちにしている人も少なくないと思います。ウィキペディアの日本語版が「人工知能研究の世界的権威」と持ち上げ、グーグルのＡＩ開発を指揮する未来学者のレイ・カーツワイルが2029年に真の意味でのＡＩが開発され、2045年に1000ドルのコンピューターが全人類を合わせたより知的になると公言しているのですから、信じる人が多くても仕方がないのかもしれません。私は、この言葉の賞味期限は長く見積もってもあと2年だろうと思っています。

日本の企業は非常に勉強熱心です。私は年間50回ほど企業や勉強会で講演をさせていただいています。2年前には、どの会場でも「シンギュラリティは来ますか？」という質問があるので辟易したものです。こんなにナイーブで日本の企業は大丈夫なのかと不安でした。けれども、この半年はそのような質問は減りました。一年間、必死で論文を読み漁り、データを集め、そして、さまざまなＡＩ技術を試して、エラーを分析してきたのでしょう。そして、「モノづくり」企業として、あるいは信頼を売る企業として、この技術は取り入

れられるのだろうかと自問自答を繰り返してこられたのだと思います。

先にも触れたとおり、グーグルやフェイスブックといった無償サービスで成長してきた企業にはＡＩに投資する明確な理由があります。セキュリティ攻撃、指数関数的に膨らんでいくユーザー間の関係の分析、ＳＮＳサービスによる誹謗中傷やフェイクニュースの広がりに対する厳しい視線、プライバシー保護や「忘れられる権利」への要求……。こうしたことに、人手を使わずに対応し続け、しかもユーザーを飽きさせずに新たな無償サービスを投入するには、ＡＩを高度化せざるを得ません。

そのためには資金が必要です。最も良い方法は、彼らが運用しているサーバー群を、多くの人が、できれば企業が有償で利用することに違いありません。それ以外で彼らが利益を上げているのは、基本的に広告収入です。その証拠に、グーグルは「グーグルカー」を自ら売ろうという気はどうもないらしいというニュースが流れました。グーグルは、自動運転車のための画像認識のプラットフォームを各自動車会社に売り、自らは製造物責任を回避しようとしているとの見方がもっぱらです。

もう一つ、注目すべき動きがあります。グーグルは以前からさまざまなＡＩ技術を無償で公開してきました。テンソルフロー（ディープラーニングのソフト群）がその代表例です。前章で触れたとおり、ＹＯＬＯも無償で公開されています。２０１７年10月には、ついに

ＩＢＭがワトソンを無償で提供することを決定しました。

一体、なにが起こっているのでしょうか。

マイクロソフトのＯＳのように、ＡＩ技術をパッケージにして大きな利益が得られることは「ない」ということを、ＡＩの先駆者全員が認めたということに他なりません。つまり、次世代スパコンを作って、シンギュラリティを日本から起こして、日本が再び世界経済の覇者になるなど、ロマンや空想の域すら通り越しているということです。

コンピューターが数学の言葉だけを使って動いている限り、予見できる未来にシンギュラリティが来ることはありません。そう言うと、「夢がない」とか「ロマンがない」と批判されることがありますけど、来ないものは来ないと言うしかありません。

数学者はロマンチストです。数百年かかっても解けない問題に平気で挑んだりします。数学者にとって、自分が生きているうちに問題が解けないことは当たり前のことです。だからこそ、数学者は自分のロマンのために他人の財布を当てにしたりしません。ロマンを追い求めるために、他人を巻き込むのは変ですから。

この国には、本当にお金を使って、人を巻き込んで、解決しなければならない問題が山積しています。そんなまさに国難のときに、なぜシンギュラリティというロマンに投資しなければならないのか、私には理解できません。

第1章の冒頭で、AIとシンギュラリティという用語について、厳密に定義しました。本書で使うAIは実はAI技術のことであり、「真の意味でのAI」とは「人間の一般的な知能と同等レベルの知能」という意味でした。そして、シンギュラリティは、「AIがどこかの分野で人間の能力を超える」地点という曖昧な意味ではなく、「真の意味でのAI」が自分自身よりも能力の高いAIを作り出すようになる地点という意味でした。

シンギュラリティが来ないのは、今のAIの延長では、あるいは今の数学では、「真の意味でのAI」ができるはずがないからです。

この章で詳しくご説明してきたように、AIはいくらそれが複雑になって、現状より遥かに優れたディープラーニングによるソフトウェアが搭載されても、所詮、コンピューターに過ぎません。コンピューターは計算機ですから、できることは計算だけです。計算するということは、認識や事象を数式に置き換えるということです。

つまり、「真の意味でのAI」が人間と同等の知能を得るには、私たちの脳が、意識無意識を問わず認識していることをすべて計算可能な数式に置き換えることができる、ということを意味します。しかし、今のところ、数学で数式に置き換えることができるのは、論理的に言えること、統計的に言えること、確率的に言えることの3つだけです。そして、私たちの認識を、すべて論理、統計、確率に還元することはできません。

脳科学が随分前に明らかにしたように、脳のシステムはある種の電気回路であることは間違いなさそうです。電気回路であるということは、ｏｎかｏｆｆか、つまり0と1だけの世界に還元できることを意味します。基本的な原理は計算機と同じかもしれません。それが、「真の意味でのＡＩ」や「シンギュラリティの到来」を期待させている一面はあると思います。けれども、原理は同じでも、脳がどのような方法で、私たちが認識していることを「0、1」の世界に還元しているのか。それを解明して数式に翻訳することができないかぎり、「真の意味でのＡＩ」が登場したりシンギュラリティが到来したりすることはないのです。

でも、シンギュラリティが到来しないことはめでたいことではありませんか。私たち人間の出番はまだたくさんある、ということを意味するのですから。

残る問題は、ただの計算機に過ぎないＡＩに代替されない人間が、今の社会の何割を占めているかということです。次章では、それについてじっくり説明します。

# 第3章

# 教科書が読めない

## ——全国読解力調査

# 人間は「AIにできない仕事」ができるか？

## 問われるコミュニケーション能力

第1章では、近未来に、労働力、しかもホワイトカラーが担っている仕事の多くで、AIが人間の強力なライバルになる可能性が大きいことを紹介しました。第2章では、かと言ってAIは万能ではなく、人間の仕事のすべてを肩代わりすることは、少なくとも、私たちやその子どもの世代が生きているうちには起きないという見通しを述べました。つまり、迫ってきているのは、勤労者の半数を失業の危機に晒してしまうかもしれない実力を培ったAIと、共に生きて行かざるを得ない社会です。

AIに任せられることは任せて、人間はAIにはできない仕事だけをすればよい。AIに助けられて生産性は向上するから、今までほど長時間働かなくても豊かに生活できるようになるかもしれない――。そのような薔薇色の見通しを立てる人もいます。けれども、夢やロマンを語れなくて申し訳ありませんが、それは私の未来予想図とはかけ離れています。

労働市場へのＡＩの参入によって仕事が楽になり、私たちが薔薇色の未来を謳歌できるためには、ＡＩには手に負えない仕事を、大多数の人間が引き受けられることが大前提です。では、ＡＩにできない仕事が人間にはできるのか？　それが問題です。

第2章で見てきたとおり、ＡＩが苦手とすることで、人間には簡単にできることはたくさんあります。「先日、岡山と広島に行ってきた」と「先日、岡田と広島に行ってきた」の意味の違いが理解できないのが不肖の息子東ロボくんであり、今日のＡＩです。けれども、仕事として考えたときはどうでしょうか。ＡＩにできない仕事は、多くの人にとって簡単にできる仕事でしょうか。

もう一度、オックスフォード大学の研究チームの予測を見てみましょう。今度は、10〜20年後にも残る仕事です。表3-1に示します。1位：レクリエーション療法士、2位：（機器の）整備・設置・修理の第一線監督者、3位：危機管理責任者、4位：メンタルヘルス・薬物関連ソーシャルワーカー、5位：聴覚訓練士、6位：作業療法士……。

いかがでしょう。できそうな仕事はありましたか？　もちろん、あると思います。胸をなでおろしましたか？　気が早過ぎます。自分にできそうな仕事があるかどうかは、自分にとっては大きな問題ですが、社会にとってはそうではありません。社会にとって重要なのは、ＡＩに今の仕事を奪われた人の大半が、リストにあるような仕事に、あるいはＡＩ

**表3-1　10～20年後まで残る職業トップ25**

| | |
|---|---|
| 1 | レクリエーション療法士 |
| 2 | 整備・設置・修理の第一線監督者 |
| 3 | 危機管理責任者 |
| 4 | メンタルヘルス・薬物関連ソーシャルワーカー |
| 5 | 聴覚訓練士 |
| 6 | 作業療法士 |
| 7 | 義肢装具士 |
| 8 | 医療ソーシャルワーカー |
| 9 | 口腔外科医 |
| 10 | 消防・防災の第一線監督者 |
| 11 | 栄養士 |
| 12 | 宿泊施設の支配人 |
| 13 | 振付師 |
| 14 | セールスエンジニア |
| 15 | 内科医・外科医 |
| 16 | 教育コーディネーター |
| 17 | 心理学者 |
| 18 | 警察・刑事の第一線監督者 |
| 19 | 歯科医 |
| 20 | 小学校教師（特別支援教育を除く） |
| 21 | 医学者（疫学者を除く） |
| 22 | 小中学校の教育管理者 |
| 23 | 足病医 |
| 24 | 臨床心理士・カウンセラー・スクールカウンセラー |
| 25 | メンタルヘルスカウンセラー |

（出典）松尾豊『人工知能は人間を超えるか』（角川EPUB選書）

（原典）C. B. Frey and M. A. Osborne, "The Future of Employment : How Susceptible are Jobs to Computerisation?" September 17, 2013.

の登場によって創造される、これまでにはなかった、ＡＩにはできないけれども人間にはできる新たな仕事に転職できるかどうかです。そうでなければ、多くの人が失業してしまうからです。そんなことになったら、社会は大混乱です。その影響は、職を失わなかった人にも及ばないはずはありません。可処分所得の中央値が劇的に下がれば、今までのようにモノやサービスを購入できなくなるでしょう。そうなればパティシエや美容師など、ＡＩに代替されない仕事にまで影響が拡大するからです。安心している場合ではありません。気が早過ぎるというのは、そのような意味です。

「残る仕事」の共通点を探してみると、コミュニケーション能力や理解力を求められる仕事や、介護や畦（あぜ）の草抜きのような柔軟な判断力が求められる肉体労働が多そうです。ＡＩでは肩代わりできなさそうな仕事なのですから当然ですが、それは第2章で見てきたＡＩに不得意な分野と合致します。つまり、高度な読解力と常識、加えて人間らしい柔軟な判断が要求される分野です。

もう少し詳しく説明すると、ＡＩの弱点は、万個教えられてようやく一を学ぶこと、応用が利かないこと、柔軟性がないこと、決められた（限定された）フレーム（枠組み）の中でしか計算処理ができないことなどです。繰り返し述べてきたとおり、ＡＩには「意味がわからない」ということです。ですから、その反対の、一を聞いて十を知る能力や応用力、柔軟性、フレームに囚われない発想力などを備えていれば、ＡＩ恐るるに足らず、ということになります。

では、現代社会に生きる私たちの多くは、ＡＩには肩代わりできない種類の仕事を不足なくうまくやっていけるだけの読解力や常識、あるいは柔軟性や発想力を十分に備えているでしょうか。常識の欠如した人が増えてきているのは嘆かわしいことですが、大半の人が持ち合わせていなければ、それはもはや常識とは言いませんから、常識や無意識の人間らしい合理的判断は大半の人が持ち合わせていることにしておきます。問題は読解力を基盤とする、コミュニケーション能力や理解力です。

## 日本人だけじゃない

「はじめに」ですでに触れていることですが、結論を先に申し上げますと、日本の中高校生の読解力は危機的と言ってよい状況にあります。その多くは中学校の教科書の記述を正確に読み取ることができていません。なんだ中高校生か、と思わないでください。読解力というような素養は、ほとんど高校卒業までには獲得されます。特別な訓練を受ければ、大人になってからでも読解力が飛躍的に向上することはありますが、そうしたケースは稀です。日本の教育体系は、時代に対応して小さな変更は繰り返していますが、大枠では変わっておらず、今の中高校生が前の世代の人々と比べ突出して能力が劣るとは考えられません。つまり、中高校生の読解力が危機的な状況にあるということは、多くの日本人の読解力もまた危機的な状況にあるということだと言っても過言ではないと思われます。

さらに、それは日本人だけの固有の問題とも思えません。ＯＥＣＤが加盟国の15歳（義務教育修了者相当）の学生を対象に3年ごとに実施している学習到達度調査で、日本の学生は「読解力部門」で、過去3回の調査で連続してトップ10入りしているからです。日本の学生の読解力は、世界ではトップレベルにあるのです。何位か気になりますか？　なりますよね。２００9年8位、２０１2年4位、２０１5年は8位でした。決して日本の中高生の能力は劣っていないのです。２０１5年のトップはシンガポールで、香港、台湾、韓国などもトップ10の常連で、アジア諸国は健闘しています。因みに、読解力の他にも、数学、科学の部門があり、両部門で日本は初めて調査が実施された２０００年から6回連続でトップ10入りしています。ただ、この数字を過信しないでください。日本は世界にも稀な移民の少ない国です。日本で生まれた日本語を母語として育つ子どもの割合が極めて高い。移民の多いドイツやフランスなどに比べて読解力が高い、というのは数字のマジックに過ぎないからです。

それでも、まだ世界でトップレベルの学力がある日本の中高校生の読解力が危機的状況だなんて信じられないという方も少なくないでしょう。ですから、その疑いを晴らしていただくために、この章では私たちが実施した「基礎的読解力調査」について、順を追って詳しくご報告したいと思います。本邦、初公開です。

# 数学ができないのか、問題文を理解していないのか?
## ——大学生数学基本調査

### 会話が成り立たない

2011年に私たちは東ロボくんのプロジェクトをスタートしました。それと同じ年に、私は日本数学会の教育委員長として「大学生数学基本調査」を率いました。国公立私立を問わず、全国のさまざまな大学にお願いして6000人の大学生の数学力を調査したのです。ご協力いただいたのは48大学の90クラスでした。多くが大学受験を終えたばかりの1年生です。「入試でやった数学なんてもう忘れた」とは言えない新入生が対象です。そして、各大学の各学科を、ベネッセによる分野分類、そして偏差値によるクラス（国公立S、A、B、私S、A、B、C）に分けて分析したのです。出題したのは全体で5題。

数学の調査というと、三角関数や微積分など、高度な数学の知識を要求するテストだと想像する方が多いと思います。が、私たちが実施したのはそのような調査ではありません。大学で学ぶための準備ができているか、経済学や看護学も含めて大学の初年度の教科書を読んで理解できる学生がどれくらいいるかを調査しました。

たとえば、次のような問題です。

> **問題** 偶数と奇数を足すと、答はどうなるでしょうか。次の選択肢のうち正しいものに○を記入し、そうなる理由を説明してください。
>
> （a）いつも必ず偶数になる。
>
> （b）いつも必ず奇数になる。
>
> （c）奇数になることも偶数になることもある。

もちろん（b）の「いつも必ず奇数になる」が正解です。が、それは採点には含めません。採点するのはあくまでも「理由」のほうです。

以下のように書ければ正解です。

> 偶数と奇数は、整数$m$、$n$をもちいて、それぞれ$2m$、$2n+1$と表すことができる。
> そして、この2つの整数の和は
> $$2m+(2n+1)=2(m+n)+1$$
> となる。$m+n$が整数なので、これは奇数である。

かなり甘めに採点しても、この問題の正答率は34％に過ぎませんでした。不思議ではありませんか？　大学入試を終えたばかりの大学生を中心とした調査です。直前に三角関数とか微分・積分とか、もっと難しい問題の練習問題を繰り返したはずです。「文系は入試に数学がないから」とおっしゃるかもしれません。では、理系に限っての正答率はどうだったか。46・4％、なんと半数に満たなかったのです。

一番多かった典型的な誤答は、偶数を$2n$とし、そして同じ変数$n$を使って奇数を$2n+1$と表し、$2n+(2n+1)=4n+1$なので奇数、と答えたものでした。これでは2＋3とか

10＋11のような連続した偶数と奇数の和が奇数になることしか示せていないので不正解です。

もしかすると、本書の読者の中にも、同じミスをして、学生に同情する方も少なくないかもしれません。ですが、このミスは理工系では致命的です。こんな状態では当然ディープラーニングの論文など読めません。

ところで、私たちはこの調査の採点を外部にアウトソーシングしませんでした。夏休みに数学者が12人集まって、3日間缶詰になって、6000枚の答案を全部自ら見て採点したのです。しかも、3名以上で採点基準を策定した上で、合議制によって採点を行ったのです。なぜ、そんな非効率的なことを私たちが選んだのだと思いますか？　数学の答案は、数学者しか本当の意味で採点できない、私たち数学者はそう考えているからです。そして、毎年、大学入試の現場でそうやって採点しているからです。

そんな私たちが目にしたのは数多くの「深刻な誤答」でした。

例1：

2＋1＝3、4＋5＝9のように。

このタイプの受検者は例示と証明の違いがわかっていないのでしょう。

例2：
全部やってみたらそうなった。

無限に存在する「偶数＋奇数」について、「全部やってみる」などということは不可能です。こういう答案に対して、読者のみなさんは「ふざけて書いただけだ」と言うかもしれません。いいえ、違います。採点前に、私たちは、「ふざけて書いたと思われる答案は除外する」と決めていたのです。この「全部やってみたらそうなった」という答案の横には、実はびっしりと、さまざまな偶数と奇数の足し算が細かく書いてあり、どれも奇数になることをチェックした形跡があったのです。

例3：
(ア) 偶数を奇数にするためには、偶数を足しても駄目だが、奇数を足せばよい。
(イ) 偶数を足すことは和の偶奇に影響を与えないため、奇数に偶数を足すと、いつも必ず奇数になるから。

このように問われていることを、そのまま繰り返す「トートロジー型」も相当数ありました。しかし、私たちをさらに驚かせたのは次のようなタイプの答案です。

例4：三角と三角を足したら四角になるのと同じで、四角と三角では四角にならないから。

「たとえ話」と証明の区別がつかない答案です。当然、ふざけて書いた答案では？　と疑いました。しかし、筆圧や文字の丁寧さ、他の答案やアンケートへの解答の仕方から、本気で書いたらしいと結論づけざるを得ませんでした。

私大を偏差値でS、A、B、Cと分けると、B、Cクラスでは、文理によらずクラスの3分の1以上が例1から例4のような「深刻なタイプの誤答」を書く生徒でした。一方、国立Sクラスでは、文理によらず、そのような答案はほぼ見当たらなかったのです。国公立S、A、Bクラスと私大S、A、B、Cクラスに分けて、それぞれに属す受検者の何割が「正答＋準正答」「典型的な誤答」「深刻な誤答」「白紙」に分類されるかを示したのが図3-1です。

図3-1　p.176の問題の解答分類

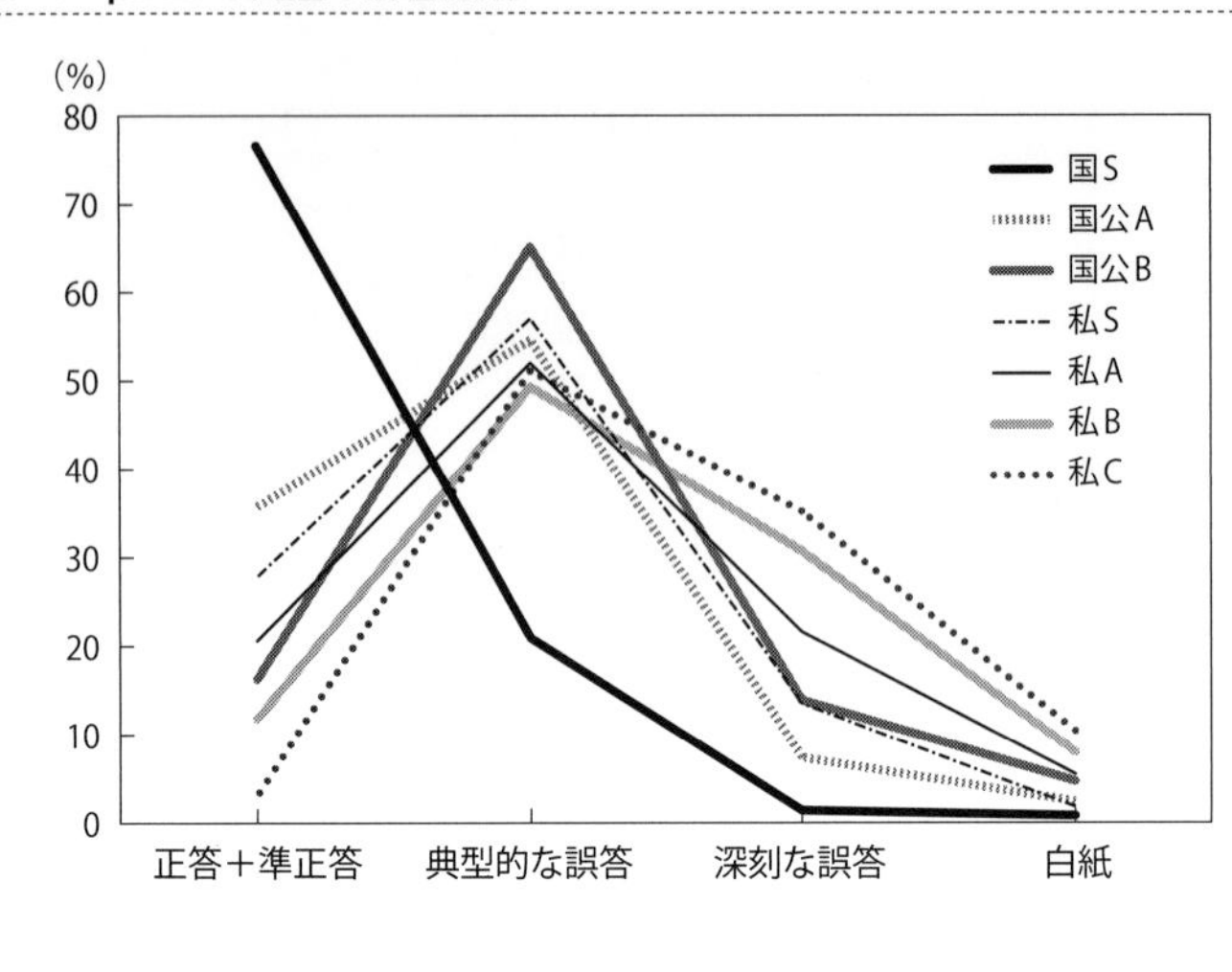


国立Sクラスのグラフだけが他とはまったく異なる形になっています。もちろん、こんな簡単な問題は東大や京大の入試には出題されません。それどころか、私大B、Cクラスを含め、どの大学でも出題されないでしょう。にもかかわらず、こんな問題であからさまな差がつくのです。

その後、私は、この問題を「人生を左右する問題」と呼ぶようになりました。

実態を報告書にまとめると、ネット上では「数学者による『ゆとり世代叩きだ』」との批判が高まりました。それは誤解です。ゆとり教育を批判するために、あるいは、学生を貶めるために、こんな手間のかかる調査をするほど私たちは暇ではありません。

また、読者のみなさんの中には、成績に関係のない調査だから真面目に解答しなかった学生が多かったのではと、疑念を持った方がおられるかもしれません。

もっともな推測だと思いますが、大半の学生は真面目に協力してくれたと私たちは判断しています。先ほども述べたとおり手書きの解答ですから、解答用紙を見て採点をすれば、受検者が真面目に書いたかどうかは、概ね判断できます。科学的な根拠を示すこともできます。学生の所属する大学学部の偏差値と基本調査の得点に相関があれば、大半の学生は真面目に取り組んだとある程度は判断できるからです。

私たちが、「大学生数学基本調査」という恐ろしく手間暇のかかる調査に踏み切ったのには理由があります。大学に勤める教員の多くが、学生の学力の質の低下を肌で感じていたからです。日本では、数学版ノーベル賞と言われるフィールズ賞を受賞するレベルの数学者であっても、大学に勤めている限りは、入試問題の作問や採点に毎年携わり、大学1、2年生の教養の数学の講義を受け持ちます（一方、教育学部や工学部の教員の大半は入試の作問や採点や教養教育に携わらないのが普通です）。そういう中で、学生との論理的な会話、設問と解答との間で、会話が成立しないと感じるシーンがあまりにも増えている。そう、多くの教員が感じている。そのため、実態を正確に把握する必要を痛感し、このような調査をする決断をしたのです。

論理的なキャッチボールができる能力を身につけないまま学生が大学に入ってきても、大学として教育できることは限られています。そのような状況では得られるものは少ない。

学費をローンで返済する学生もいます。これでは得られるものと対価のバランスがとれません。損をするのは学生です。このような状況を放置しておくべきではない。そのことを社会にわかってほしい。それが調査の動機でした。

もう一問、今度は選択式の問題を紹介しましょう。

**問題** 次の報告から確実に正しいと言えることには○を、そうでないものには×を、左側の空欄に記入してください。

公園に子どもたちが集まっています。男の子も女の子もいます。よく観察すると、帽子をかぶっていない子どもは、みんな女の子です。そして、スニーカーを履いている男の子は一人もいません。

（1）男の子はみんな帽子をかぶっている。

（2）帽子をかぶっている女の子はいない。

（3）帽子をかぶっていて、しかもスニーカーを履いている子どもは、一人もいない。

正しいのは（1）のみです。

問題文中の「帽子をかぶっていない子どもは、みんな女の子です」という文から、「男の子は帽子をかぶっている」ことがわかります。ですから（1）は正しいです。しかし「女の子は誰も帽子をかぶっていない」とは言っていません。つまり、確実に正しいとは言えないのです。だから（2）は×です。さらに、「スニーカーを履いている男の子は一人もいません」という文と合わせても、「帽子をかぶっていて、しかもスニーカーを履いている女の子がいる」可能性を否定できませんから、（3）の答も×です。

この問題の正答率は64・5％でした。入試で問われるスキルは何一つ問うていないのに、国立Sクラスでは85％が正答した一方、私大B、Cクラスでは正答率が5割を切りました。では、多くの高校生が憧れる私大Sクラスではどうだったか。国立Sクラスに比べて20ポイントも低い66・8％に留まりました。どこの大学に入学できるかは、学習量でも知識でも運でもない、論理的な読解と推論の力なのではないか、6000枚の答案を見ているうちに、私は確信するようになりました。

# 全国2万5000人の基礎的読解力を調査

## 本気で調べる

「大学生数学基本調査」を実施して、私は学生の基本的な読解力に疑問を持ちました。読解力と言うと、谷崎潤一郎や川端康成の小説や、小林秀雄の評論文を読んで作者が訴えたいことや行間に隠されている本当の意味などを読み取ることという印象を持たれている方も多いと思いますが、私が疑問を抱いたのはそのような意味での読解力ではありません。辞書にあるとおり、文章の意味内容を理解するという、ごく当たり前の意味での読解力です。つまり、多くの大学生が数学基本調査の問題文が理解できていないのではないか、という疑問です。

中学校の授業は、国語の難解な小説や評論文は別として、生徒は社会や理科の教科書の記述の意味は読めば理解できることを前提として進められています。そうでなければ授業は成り立ちません。そこを疑っている人は、少なくとも教育行政に携わる文科省の官僚の方々や、高等教育の在り方を審議する有名大学の学長や経済界の重鎮といった人にはいませんでした。けれども、私は、それまで誰も疑問を持っていなかった「誰もが教科書の記述は理解できるはず」という前提に疑問を持ったのです。

私はこの状況を社会に伝えなければならないと考えました。けれども、実施したのは大学生の数学基本調査です。正答率が低い原因の一つは読解力不足だということに確信はありましたが、あくまで推測に過ぎません。伝えなければならないと思う実情があっても、それが正しいと思う根拠が推測では説得力に欠けるのは自明です。それでは、どうすればこの状況を正しく伝えられるかと思いを巡らしてみました。答は簡単でした。本気で調べることです。思い立ったら即行動です。私は、中高校生の「基礎的読解力」を調査することにしました。

## 東ロボくんの勉強をもとに、リーディングスキルテストを開発

基礎的読解力を調査すると言っても、そんな調査はこれまで世界中で誰もやっていませんから、方法がありません。そこで、基礎的読解力を調査するためのリーディングスキルテスト（ＲＳＴ）を自力で開発したのです。

方法論はありました。コンピューターや言語学の専門家らと一緒に、東ロボくんに読解

力をつけさせるための挑戦を続けていたからです。

ＡＩが文章を論理的に読めるようになるとしたら、まずは文がどこで区切られるか、つまり文節が理解できなければなりません。それができたら、「何がどうした」という主語と述語の関係や修飾語と被修飾語の関係を理解しなければなりません。これを「係り受け解析」（以下「係り受け」）と言います。たとえば、「私はパスタが好きです」という文では、「私」が「好き」に〈係り〉、「好き」は「私」を〈受ける〉関係にあるという言い方をします。また、文章には「それ」「これ」といった指示代名詞が頻繁に出てきますから、指示代名詞が何を指すかも理解できなければなりません。それを「照応解決」（以下、「照応」）と言います。文節と係り受け、照応ができれば、単純な文章は読めるようになります。「照応」や「係り受け」は聞き慣れない言葉かもしれませんが、これから頻繁に出てくるので、憶えておいてください。

自然言語処理研究者は、係り受け解析や照応解決のベンチマークを作って、ＡＩに解かせることによってＡＩの性能を測っています。係り受け解析では、分野にもよりますが、80％程度の精度は出ています。これを参考にして人間向けのテストを作れば、基礎的読解力を判定するテストになると思いついたのです。

「係り受け」や「照応」は自然言語処理ですでに盛んに研究されています。一方、長年研究されているのに、なかなか精度が上がらないものがあることを知りました。「同義文判定」です。「同義文判定」は2つの違った文章を読み比べて、意味が同じであるかどうかを判定します。これができると、たとえば、入学試験の記述問題をＡＩが自動採点できるようになる可能性があります。解答例と学生の解答を読み比べられるからです。そのため、研究が続けられていました。が、うまくいっていません。

それ以外に、意味を理解せず、フレーム問題につまずき、常識のないＡＩにはできそうにないもの、つまり人間がＡＩに勝てる可能性がある重要分野として「推論」「イメージ同定」「具体例同定」という課題を、新たに設定しました。

「推論」は文の構造を理解した上で、生活体験や常識、さまざまな知識を総動員して文章の意味を理解する力です。「イメージ同定」は、文章と図形やグラフを比べて、内容が一致しているかどうかを認識する能力、「具体例同定」は定義を読んでそれと合致する具体例を認識する能力です。定義には、国語辞典的な定義と、数学的な定義の2種類があります。推論、イメージ同定、具体例同定の3つは、意味を理解しないＡＩではまったく歯が立ちません。

つまり、ＡＩに読解力をつけさせるための研究で積み上げ、エラーを分析してきた蓄積を用いて、人間の基礎的読解力を判定するために開発したテストがＲＳＴなのです。

RSTはAIの正解率が80％を超える「係り受け」や急速に研究が進んでいる「照応」と、AIにはまだまだ難しいと考えられている「同義文判定」、AIにはまったく歯が立たない「推論」「イメージ同定」「具体例同定（辞書・数学）」の6つの分野で構成しました。問題は、東京書籍の英語と国語を除く高等学校と中学校の教科書、毎日新聞、東京・中日新聞、読売新聞の3紙の主に科学面や小中学生向けの記事を使って、各分野数百問ずつ作成しました。各社が快く著作物の利用を認めてくださいました。

教科書と新聞の記述を問題文に利用したことには理由があります。読解力を調査するにあたり、理解できなければ、その人が不利益を被るような題材から出題することを、作問の基本方針としたからです。教科書はその代表例です。理解できなければ高校受験や大学受験で明らかに不利になります。新聞もそうです。読めなければ、世の中がどうなっているのかわかりません。そのような題材を理解することができる読解力こそが大切と考え、教科書や新聞を題材に選びました。

テストは基本的には、紙と鉛筆ではなく、パソコンやタブレットで実施します。これまでのテストとは全然違うタイプの問題ですから、生徒は面食らうかもしれません。そのため、6つの分野ごとに、実際の問題に入る前に例題が提示され、解答すると正解が表示され、問題の要領を理解してからテストに入れるように工夫されています。

ＲＳＴには、もう一つ他のテストとは異なる特徴があります。全員が同じ問題を解くわけではないことです。例題を解き終わると、数百問から機械がランダムに選んで問題を提示します。解答すると、またランダムに次の問題が出題されます。それが、設定してある各分野の制限時間が終了するまで続くという仕組みです。ある受検者は20問解き、別の受検者は5問しか解けないかもしれません。それも含めて基礎的な読解力を診断します。

調査は、ご協力いただける学校や企業、団体が見つかったら実施するという方法で積み上げてきました。１年半で埼玉県戸田市の全中学校と小学校6年生、福島県や北海道の教育委員会、私が講演に伺ったことのある高等学校を中心として10校、一部上場企業などで、２万人を調査しました。昨年（２０１６年）は文部科学省にもご協力いただき、２０１９年度から始まる予定の「高校生のための学びの基礎診断」の試行調査の一環として５０００人を調査しています。累計２万５０００人のデータを収集し、今も調査は規模を拡大して継続しています。

## 例題紹介

具体的なイメージを持っていただくために、ＲＳＴの問題の例題を紹介します。

［例題1　係り受け］

次の文を読みなさい。

天の川銀河の中心には、太陽の４００万倍程度の質量をもつブラックホールがあると推定されている。

この文脈において、以下の文中の空欄にあてはまる最も適当なものを選択肢のうちから1つ選びなさい。

天の川銀河の中心にあると推定されているのは（　　　）である。

①天の川　②銀河　③ブラックホール　④太陽

（正解　③ブラックホール）

［例題2　照応］

次の文を読みなさい。

火星には、生命が存在する可能性がある。かつて大量の水があった証拠が見つかっており、現在も地下には水がある可能性がある。

この文脈において、以下の文中の空欄にあてはまる最も適当なものを1つ選びなさい。

かつて大量の水があった証拠が見つかっているのは（　　）である。

①火星　②可能性　③地下　④生命

（正解　①火星）

［例題3　同義文判定］

次の文を読みなさい。

義経は平氏を追いつめ、ついに壇ノ浦でほろぼした。

右記の文が表す内容と以下の文が表す内容は同じか。「同じである」「異なる」のうちから答えなさい。

**平氏は義経に追いつめられ、ついに壇ノ浦でほろぼされた。**

①同じである　②異なる

（正解　①同じである）

【例題4　推論】

次の文を読みなさい。

**エベレストは世界で最も高い山である。**

右記の文に書かれたことが正しいとき、以下の文に書かれたことは正しいか。「正しい」、「まちがっている」、これだけからは「判断できない」のうちから答えなさい。

**エルブルス山はエベレストより低い。**

①正しい　②まちがっている　③判断できない

（正解　①正しい）

【例題5　イメージ同定】

次の文の内容を表す図として適当なものをすべて選びなさい。

**四角形の中に黒でぬりつぶされた円がある。**

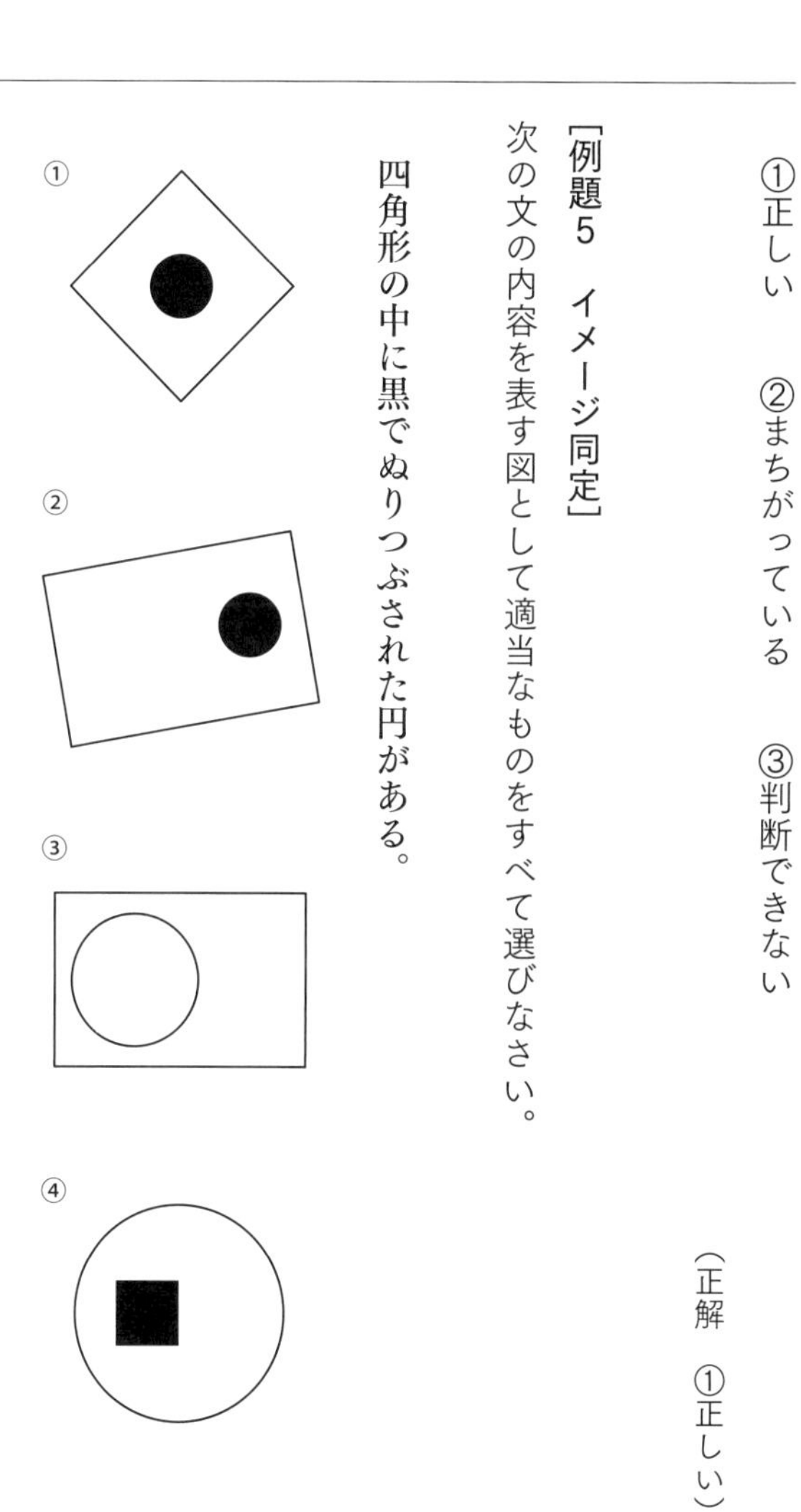


（正解　①②）

【例題6　具体例同定】

次の文を読みなさい。

2で割り切れる数を偶数という。そうでない数を奇数という。

偶数をすべて選びなさい。

①65　②8　③0　④110

（正解　②③④）

いかがですか。基礎的読解力調査でどのような問題を出題したか、イメージしていただけましたでしょうか。

## 3 人に1人が、簡単な文章が読めない

### アレキサンドラの愛称は？

では、調査結果と分析に参りましょう。先に申し上げたとおり「危機的な状況」であることがご理解いただけると思います。驚かないでくださいね。それから、東ロボくんのプロジェクトと並行して行った研究ですから、ＡＩとの比較も参考になると考え、東ロボくんにも調査に協力してもらいました。

まずは構文解析です。例題とは違いますから、問題と正答率をまずみてください。

［問1］
次の文を読みなさい。

**仏教は東南アジア、東アジアに、キリスト教はヨーロッパ、南北アメリカ、オセア**

ニアに、イスラム教は北アフリカ、西アジア、中央アジア、東南アジアにおもに広がっている。

この文脈において、以下の文中の空欄にあてはまる最も適当なものを選択肢のうちから1つ選びなさい。

オセアニアに広がっているのは（　　）である。

①ヒンドゥー教　②キリスト教　③イスラム教　④仏教

これは「係り受け」の問題です。正解は②のキリスト教。正答率は表3-2のとおりです。表3-2の意味がおわかりでしょうか。中学生の62％、高校生の72％が正解できた、ということではありません。中学生の3人に1人以上が、高校生の10人に3人近くが正解できなかったと理解すべきだと私は考えます。この問題に解答した745人の高校生が通っているのは進学率ほぼ100％の進学校です。私が講演に伺ったことのあるいくつかの高校の結果で、90分間ＡＩの話を興味深く静かに聞くことができる高校生が受検者です。他

表3-2　問1の解答割合

| | 全国中学生（623名） | 中1（197名） | 中2（223名） | 中3（203名） | 全国高校生（745名） | 高1（428名） | 高2（196名） | 高3（121名） |
|---|---|---|---|---|---|---|---|---|
| ① | 5% | 4% | 6% | 7% | 2% | 2% | 2% | 2% |
| **②** | **62%** | **63%** | **55%** | **70%** | **72%** | **73%** | **73%** | **66%** |
| ③ | 12% | 16% | 13% | 5% | 6% | 5% | 4% | 9% |
| ④ | 20% | 16% | 25% | 17% | 21% | 20% | 21% | 22% |

の高校でのこの問題の正答率も調査したかったのですが、新聞やＴＥＤなどでこの問題が有名になってしまい、調査に使うことはできなくなってしまいました。因みに、国語が苦手な東ロボくんは、この問題に正解しました。

「中高校生の中には反抗期の生徒もいて、成績に関係ないようなテストは真面目に取り組まなかったのでは？」という質問をよく受けます。「大学数学基本調査」のときにも同じ質問に悩まされました。でも、違います。それは、解答で①の「ヒンドゥー教」を選んだ生徒が非常に少ないことでわかります。問題文を読みもせず不真面目に適当に解答していれば、ヒンドゥー教の解答はもっと多いはずです。けれども、同じ不正解の仏教やイスラム教と比べて非常に少ないのです。仏教とイスラム教は問題文に出てきますが、ヒンドゥー教は問題文には出てきません。誤答にヒンドゥー教が少ないのは、多くの生徒が真面目に問題に取り組もうとした証拠です。

また、ＲＳＴのようにコンピューターを使ってテストをすると、やる気がない受検者とそうでない受検者は、まさに機械学習のような統計手法で見分けることができます。選択肢の選び方やボタンを押す速度などに特徴が出るためです。本書でお伝えしているデータは、やる気がなかったと思われる受検者の解答を省いて算出したデータです。

そもそも、問題文が悪いのではないか、と批判を受けることがあります。教科書には悪文が多いと言う方もおられます。が、教科書を題材に選んだ理由は、前述のとおりです。教科書に悪文が多いかどうかは別として、もしそうだったとしても、それが理解できなければ、その人が不利益を被りますから、教科書を読める力は是非必要です。一方、問題が読解力を測定するのに不適切である可能性については、項目特性を調べて検証しています。RSTの問題の難易度は、事前にはわかりません。大規模調査をし、その正答率を比較してようやくわかります。数万人規模で調査をするとようやく、各問題の難易度を推計できるようになります。それから改めて、「どの受検者はどの難易度の問題にどれくらい正解できたか」を分析すると、各受検者の6つの問題タイプごとの能力値がわかるのです。ここまで来て、ようやく問題の適切さの検討に取りかかることができます。能力値が高い人ほど正答率が高い問題は、適切な問題だと確信できます。一方、能力値が上がっても正答率が上がらないとか、かえって下がるという問題はなにか不備がある

図3-2　問1の項目特性図

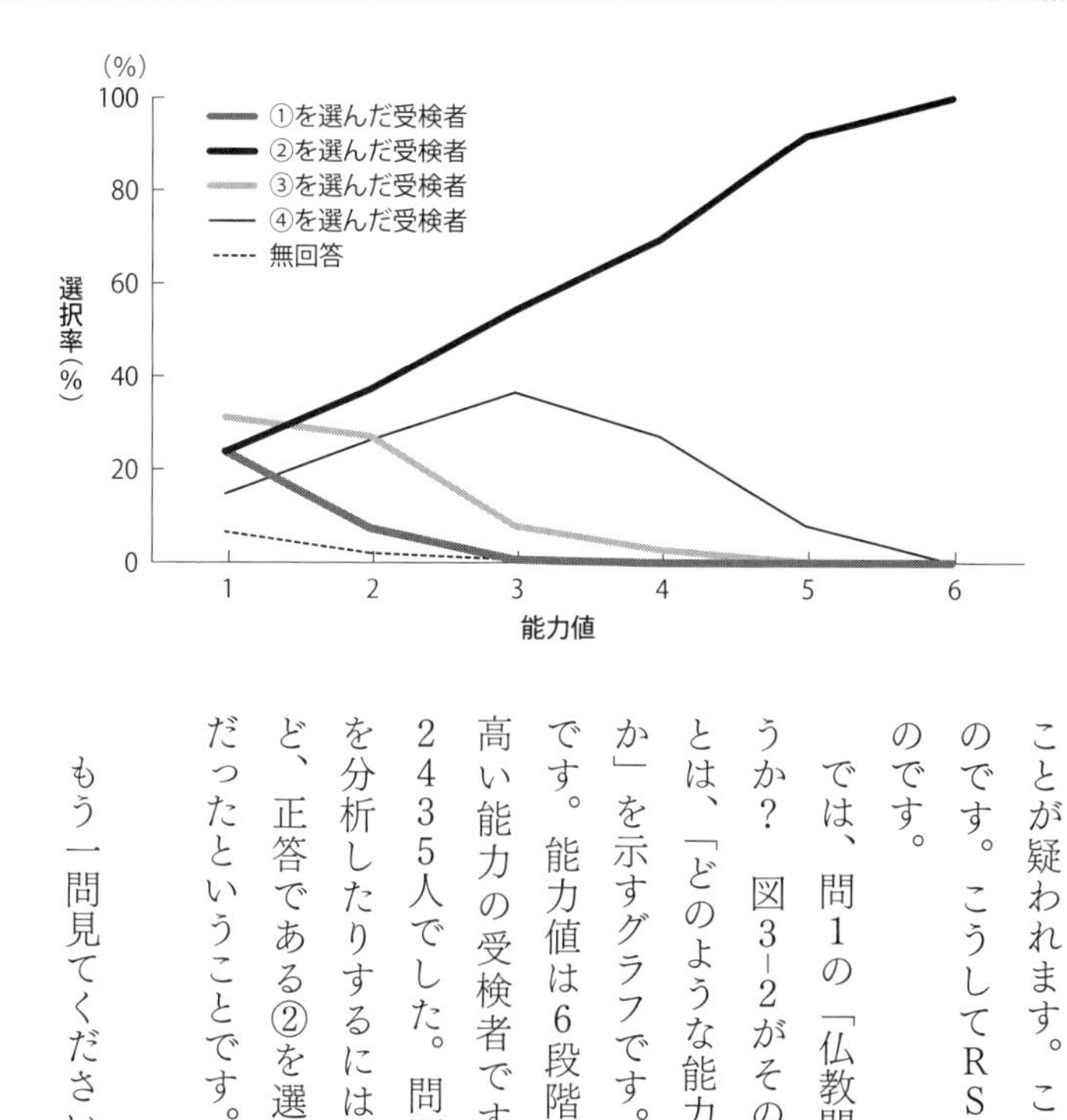


ことが疑われます。こうした問題は（泣く泣く）廃棄するのです。こうしてRSTの調査の正当性を保証しているのです。

では、問1の「仏教問題」は適切な問題だったのでしょうか？　図3-2がその「項目特性図」です。項目特性図とは、「どのような能力値の受検者がどの選択肢を選んだか」を示すグラフです。横軸が能力値、縦軸が選択した率です。能力値は6段階で評価しています。右にいくほど高い能力の受検者です。この問題を解いた受検者数は2435人でした。問題の難易度を推計したり、妥当性を分析したりするには十分です。能力が高ければ高いほど、正答である②を選んでいます。つまり、妥当な問題だったということです。

もう一問見てください。同じ係り受けの問題です。

［問2］
次の文を読みなさい。

Alexは男性にも女性にも使われる名前で、女性の名Alexandraの愛称であるが、男性の名Alexanderの愛称でもある。

この文脈において、以下の文中の空欄にあてはまる最も適当なものを選択肢のうちから1つ選びなさい。

Alexandraの愛称は（　　　）である。

①Alex　②Alexander　③男性　④女性

当然、正解は①のAlexです。

先ほどの問題とどちらが難しいという印象を持ちましたか？　こちらの問題のほうが易しいと予想した方が多いのではないでしょうか。先ほどの例よりも構文が易しいです。東

表3-3　問2の解答割合

| | 全国中学生（235名） | 中1（68名） | 中2（62名） | 中3（105名） | 全国高校生（432名） | 高1（205名） | 高2（150名） | 高3（77名） |
|---|---|---|---|---|---|---|---|---|
| ① | **38%** | **23%** | **31%** | **51%** | **65%** | **65%** | **68%** | **57%** |
| ② | 11% | 12% | 16% | 8% | 4% | 3% | 3% | 8% |
| ③ | 12% | 16% | 16% | 7% | 5% | 3% | 6% | 6% |
| ④ | 39% | 49% | 37% | 33% | 26% | 28% | 23% | 29% |

ロボくんも正解しました。

ところが事実は違うのです。

中高校生の正答率は表3-3のとおりです。

なんと中学生の正答率は半数に達していません。ＲＳＴの問題はすべて選択式です。ですから、適当に答えてもある確率で正解することができます。この問題の場合は四択ですから、問題を読まずに適当に選択肢を選んでも、25%は正解してもおかしくありません。それに対して、中学1年生の正答率は23%。ランダム並み、サイコロを振って答える程度だったのです。この問題の出典は、中学の英語の教科書に出てくる「Alex（アレックス）」の註に出てくる文章なのですが、この註はつけても意味があるとは言えません。読んでも理解しない生徒が過半数だからです。進学校に通う高校生でも正解できたのは3人に2人です。

なぜ、こんなことになったのかは、図3-3の項目特性図を見ればわかります。読解能力が3、つまりほぼ真ん中辺りまで、選択肢④のほうが正解の①より多く選ばれていることがわかります。

**図3-3　問2の項目特性図**

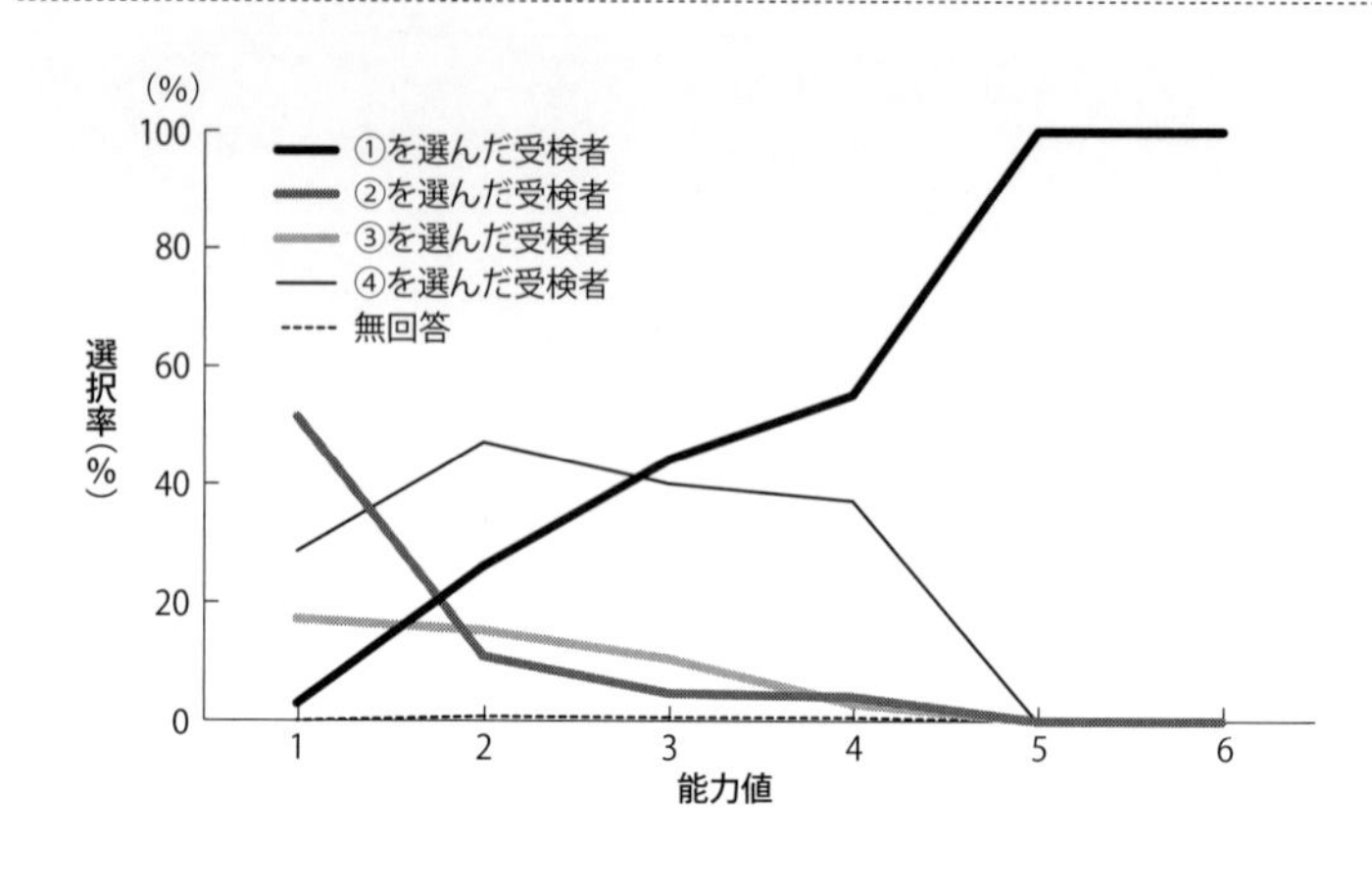


つまり、「Alexandraの愛称は女性である」が正解だと考える子が案外いるのです。どうしてでしょう。おそらく「愛称」という言葉を知らないからです。そして、知らない単語が出てくると、それを飛ばして読むという読みの習性があるためです。「Alexandraは女性である」ならば、文として意味が通ります。このように科学的に分析することで、どの子にどのような読みの偏りがあるかがわかります。そこまでして初めて「処方箋」を出せるようになるのです。

では、現在の中学生はどれくらい語彙が不足しているのでしょう。ある公立中学校の社会科の先生に教えていただきました。大変熱心な先生で、以前から「教科書が読めない生徒が増えている」と感じ、社会科の教科書の音読を授業でさせているそうです。教えていただいた誤読をいくつか紹介します。

首相　→　しゅそう　　　東西　→　とうせい

設立　→　せいりつ　　大手　→　だいて
残業　→　のこりしぎょう　物理　→　もり
文部（省）→　ぶんぶ　　用いる　→　ようい
居住地　→　いじゅうち　現役　→　げんやく

この先生以外にも、「『学』から始まる単語を見ると、『学級』でも『学年』でも『学業』でも全部、『がっこう』と読む生徒がいる」という話も聞きました。読み障害のあるお子さんなのかもしれません。「どうして、いつも『がっこう』と読むの？」と訊ねたところ、「そのほうがよく当たるから」と答えたそうです。

後に詳しく触れますが、係り受けの問題の正答率は中学生が70％弱、高校生が約80％でした。東ロボくんはだいたい高校生くらいです。もちろん、ご説明したように東ロボくんは文章の意味を理解して正解しているわけではありません。統計と確率の手法を使って問題を解いています。それでも8割くらい当たるのです。いかがでしょうか？　少しは背筋に寒気を覚えていただけましたか？

これまで作問した中で難易度がとても高かった係り受けの問題に次のような問題があります。

次の文を読みなさい。

アミラーゼという酵素はグルコースがつながってできたデンプンを分解するが、同じグルコースからできていても、形が違うセルロースは分解できない。

この文脈において、以下の文中の空欄にあてはまる最も適当なものを選択肢のうちから一つ選びなさい。

セルロースは（　　）と形が違う

①デンプン　②アミラーゼ　③グルコース　④酵素

某新聞社の論説委員から経産省の官僚まで、なぜかグルコースを選ぶので驚きましたが、正解は①のデンプンです。

## 同義文判定ができない

ＡＩが苦手とする問題があります。２つの文章を読み比べて意味が同じかどうかを判定する「同義文判定」というジャンルの問題です。例を挙げましょう。

たとえば、こんな問題です。

［問３］
次の文を読みなさい。

幕府は、１６３９年、ポルトガル人を追放し、大名には沿岸の警備を命じた。

右記の文が表す内容と以下の文が表す内容は同じか。「同じである」「異なる」のうちから答えなさい。

１６３９年、ポルトガル人は追放され、幕府は大名から沿岸の警備を命じられた。

表3-4　問3の正答率

| 中学生（857名） | 中1（301名） | 中2（270名） | 中3（286名） | 高校生（1,139名） | 高1（627名） | 高2（360名） | 高3（152名） |
|---|---|---|---|---|---|---|---|
| 57% | 56% | 61% | 55% | 71% | 71% | 71% | 76% |

沿岸警備を命じられたのは大名ですから、答は「異なる」です。当然ですよね。でも、ＡＩには結構難しいのです。なにしろ、出てくる単語はほぼ同じですから。やっぱり人間のほうが優秀だと喜べるかというと、残念ながらそうではありません。表３−４が中高校生の正答率です。なんと中学生の正答率は57％だったのです。どういうわけか中学3年生が一番低くて55％です。私自身、その結果を知ったときに愕然としました。しかし、ショックはここで終わりませんでした。この事実を伝えたところ、とある新聞社の記者が「57％の正答率ではダメですか？」と聞いたのです。「１００点満点で57点ということは、平均点としては悪くないのではないですか？」と。

同義文判定の問題は「同じ　異なる」の二択ですから、コインを投げて裏表で解答しても50％正解します。ということは、中学生の正答率はほぼコイン投げ並みだということです。それが「深刻なのかどうか」を自ら判断できないような記者が新聞記事を書いている――そのことに慄然とせざるを得ませんでした。これほどまでに統計や確率の素養がなければ、（統計と確率でできている）ディープラーニングの仕組みや限界を理解できようはずがありません。トレンドだけを追いかけ、うっかり「シンギュラリティ押し」の記事を書いてしまうのもうなずけます。

## AIと同じ間違いをする人間

次に「イメージ同定」の問題を見てみます。前述のとおり「イメージ同定」の問題を解くためには、文章の正確な理解力に加え、図やグラフの意味を読み取る能力が求められます。ＡＩにはなかなか真似できない高度な知的処理です。

【問4】
次の文を読み、メジャーリーグ選手の出身国の内訳を表す図として適当なものをすべて選びなさい。

メジャーリーグの選手のうち28％はアメリカ合衆国以外の出身の選手であるが、その出身国を見ると、ドミニカ共和国が最も多くおよそ35％である。

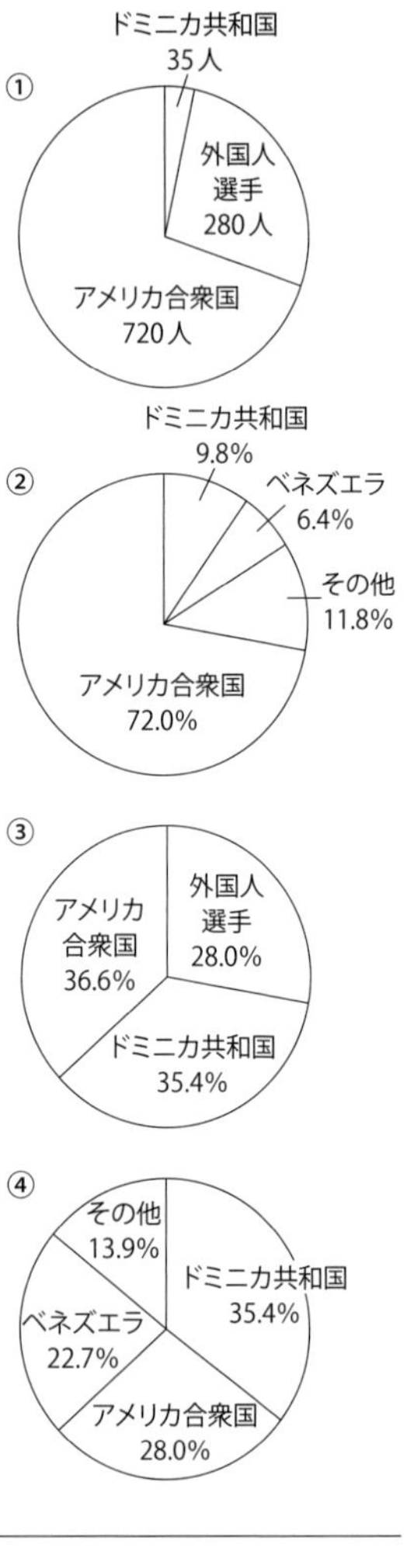

①
ドミニカ共和国
35人
外国人
選手
280人
アメリカ合衆国
720人

②
ドミニカ共和国
9.8%
ベネズエラ
6.4%
その他
11.8%
アメリカ合衆国
72.0%

③
外国人
選手
28.0%
アメリカ
合衆国
36.6%
ドミニカ共和国
35.4%

④
その他
13.9%
ドミニカ共和国
35.4%
ベネズエラ
22.7%
アメリカ合衆国
28.0%

正解は②です。

正答率は表3－5のとおりです。

中学生の正答率12%、高校生28%。衝撃的な数字です。複数選択式ではありますが、図3－4の項目特性図を見ても、ほとんどの受検者が一つしか解答を選択していませんから、問題を読まずに回答しても25%は正答してよいはずです。ところが、中学生はそれより相当低い。高校生でもランダム並みです。

では、なぜ人間がサイコロ並み、あるいはサイコロ以下の正答率しか出せなかったのでしょうか。項目特性図を見ればわかります。能力値が4を過ぎるまで、正答である②と誤

表 3-5　問 4 の正答率

| 全国中学生（496名） | 中 1（145名） | 中 2（199名） | 中 3（152名） | 全国高校生（277名） | 高 1（181名） | 高 2（54名） | 高 3（42名） |
|---|---|---|---|---|---|---|---|
| 12% | 9% | 13% | 15% | 28% | 23% | 37% | 36% |

図 3-4　問 4 の項目特性図

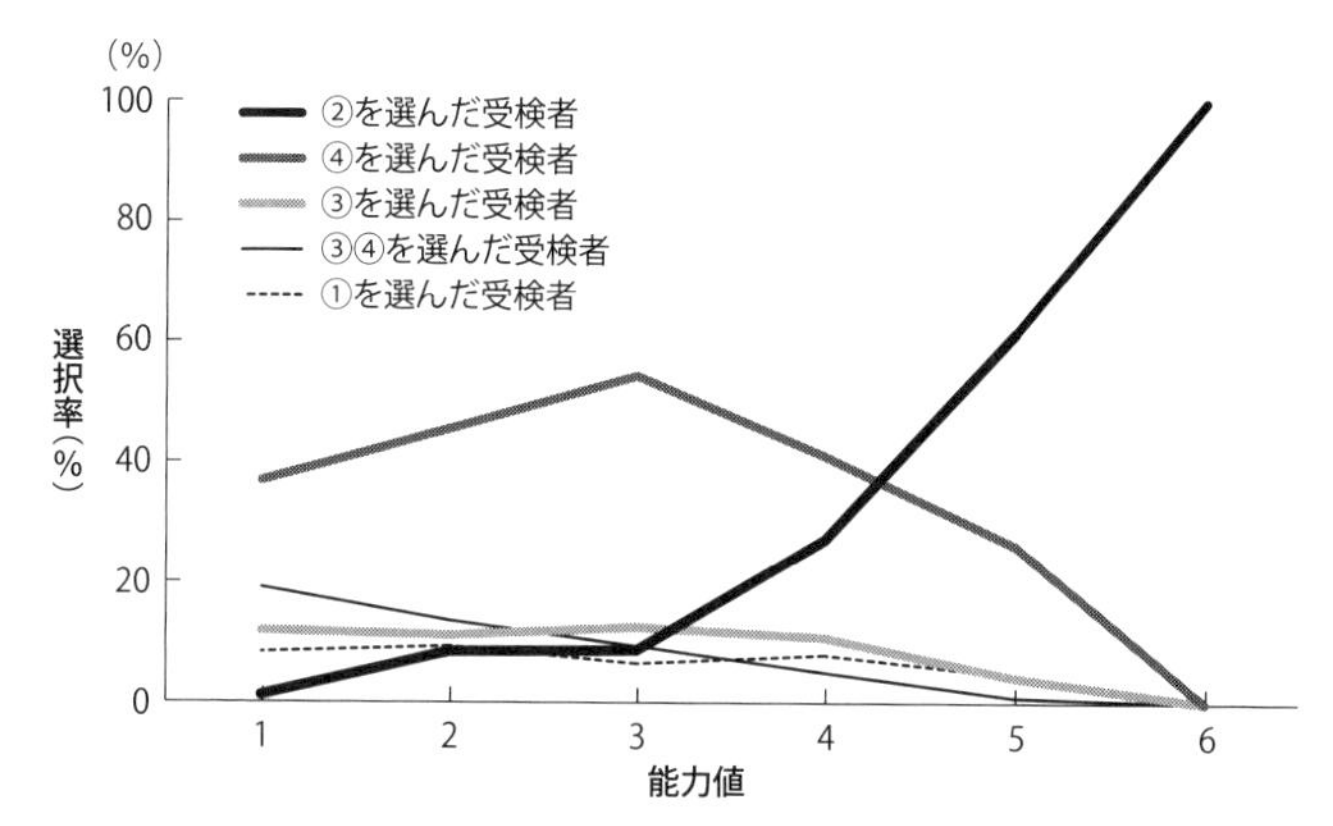


（注）複数選択可能な問題については、項目特性図が見にくくなってしまうので、受検者が選びやすい上位5つの選択肢を選んで項目特性図を描いている。

答である④が拮抗していることがわかります。能力値が中の上くらいまでは④を選ぶ傾向があるということです。

なぜ④を選ぶのでしょうか？　④は「アメリカ合衆国28％、ドミニカ共和国約35％」の図です。つまり、④を選ぶ受検者は、「以外の」や「のうち」といった語句を読み飛ばすか、その使い方がわからないかのどちらか、あるいはその両方なのでしょう。

言い換えると、中高校生の多くが「イタリア料理以外のレストラン」を理解できないＳｉｒｉと似たような文の読み方をしているらしいことがわかったのです。
もう一問、見てください。

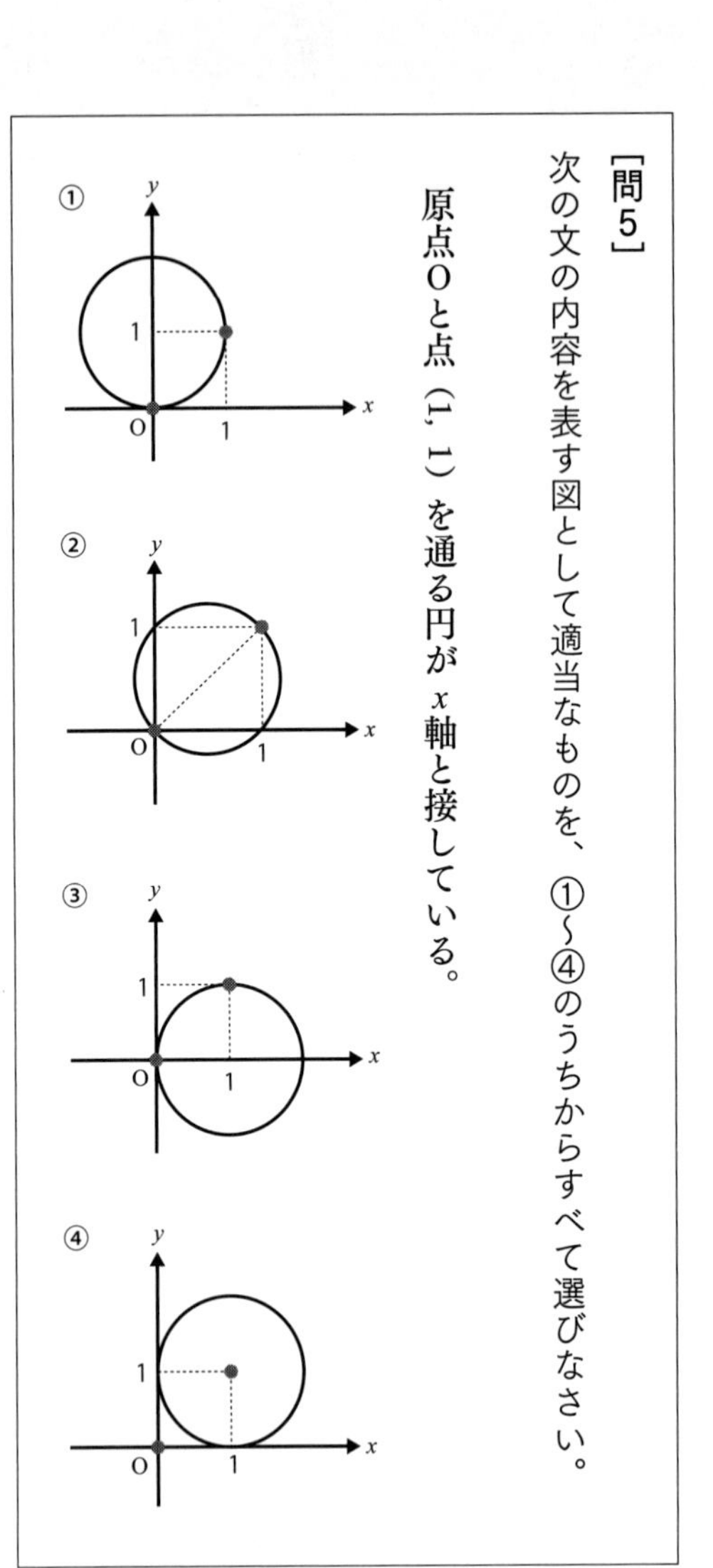

[問5]
次の文の内容を表す図として適当なものを、①～④のうちからすべて選びなさい。
原点Oと点（1, 1）を通る円が $x$ 軸と接している。
①
②
③
④
y
x
O
1


当然、正解は①です。何も難しいことは聞いていません。先ほどの問題と異なり、計算すらありません。にもかかわらず、大変な結果が出ました。

表3-6　問5の正答率

| 全国中学生（496名） | 中1（145名） | 中2（199名） | 中3（152名） | 全国高校生（277名） | 高1（181名） | 高2（54名） | 高3（42名） |
|---|---|---|---|---|---|---|---|
| 19% | 10% | 22% | 25% | 32% | 29% | 30% | 45% |

中学3年生の正答率が25％。こちらも複数選択式ですから四択のランダム値25％と単純に比べることはできませんが、ランダム並みと言っていいでしょう。進学校でも正答できたのは3人に1人でした。これでは、高校で三角関数を教えるのは明らかに無理があります。早とちりしないでください。高校で三角関数を教えるのをやめよう、などと言っていません。それではまったく問題は解決されません。

ところで、問4の「メジャーリーグ問題」と問5の「円の問題」の項目特性図は、問1「仏教問題」や問2「Alex問題」と異なる形をしています。正答を選ぶ率を示すグラフが、直線的に右上がりになっているのではなく、右下に向かってふくらんでいる点です。能力値が下位から中の上までは区別がつかなくて、上位になってようやく正答率が上がり始めるのです。このような問題を「能力上位層をよく識別する問題」とよびます。「アミラーゼ問題」は極端に上位層を識別する問題でした。これらの文を苦もなくすらすら正確に読める人は、ひぃひぃ言いながら受験勉強する必要がありません。入試は指導要領に則って出題されるので、たとえ東大入試でも教科書の範囲を越えて出題されることはないからです。さらに言えば、スタンフォード大学などが公開しているオンラ

**図3-5　問5の項目特性図**

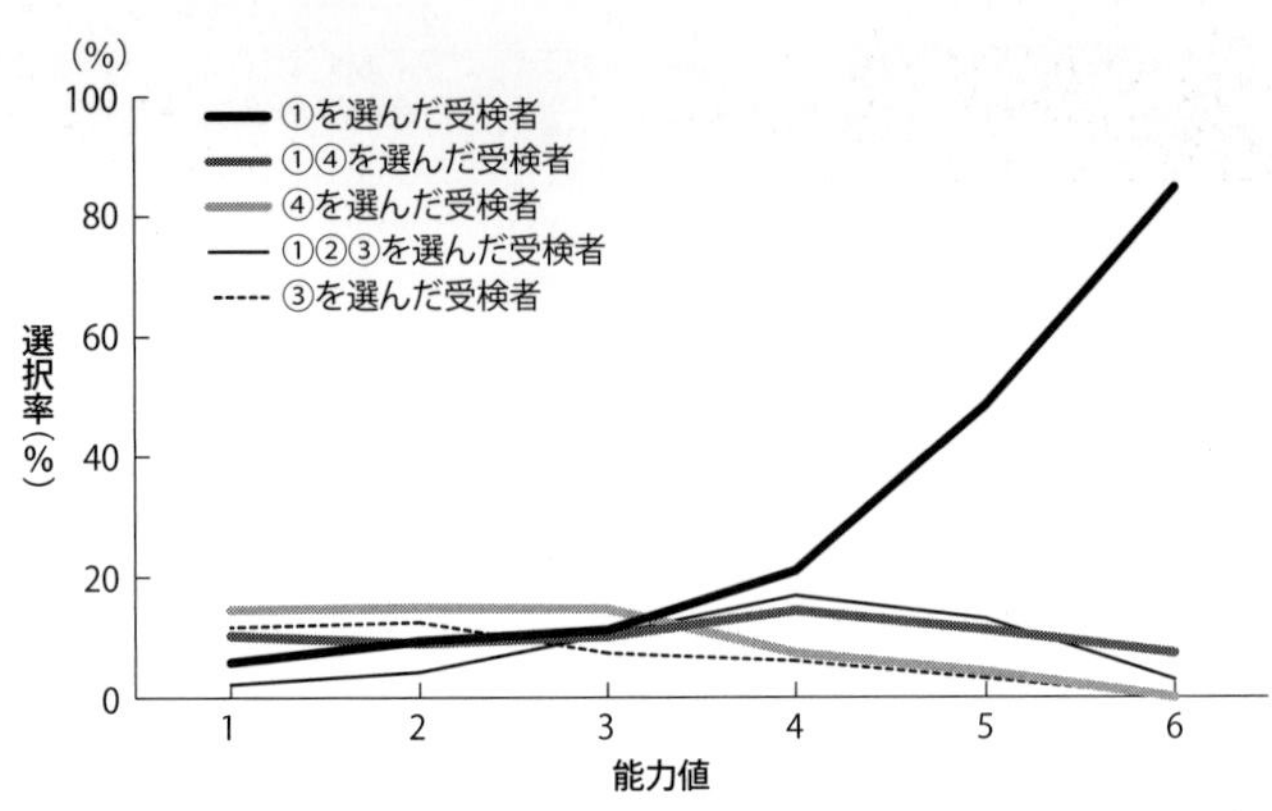


（注）複数選択可能な問題については、項目特性図が見にくくなってしまうので、受検者が選びやすい上位5つの選択肢を選んで項目特性図を描いている。

イン講義を勝手に視聴し、配付資料を熟読することでいくらでも学ぶことができるでしょう。だって、読めばわかってしまうんですから。

実は、このタイプのグラフを私は以前にも見たことがありました。2011年に実施した、「大学生数学基本調査」の「偶数と奇数を足すとどうなるか」の問題の大学偏差値と正答率を示したグラフです。国立トップ校の学生たちだけが突出して正解した問題です。そして、私は確信しました。RSTは受検者の現在の基礎的読解力を測るだけでなく、その伸び代を予測する指標になるだろう、と。

## ランダム率

さて、それでは調査結果を詳しく分析していきましょう。表3-7は最新のRSTの分野別正答率です。

表3-7　問題分野別正答率

(%)

| 学年 | 係り受け | 照応 | 同義文判定 | 推論 | イメージ同定 | 具体例同定（辞書） | 具体例同定（数学） |
|---|---|---|---|---|---|---|---|
| 小6 | 65.1 | 58.2 | 62.1 | 58.6 | 30.9 | 32.5 | 19.6 |
| 中1 | 65.7 | 62.3 | 61.6 | 57.3 | 31.0 | 31.0 | 24.7 |
| 中2 | 67.8 | 65.2 | 63.9 | 58.9 | 32.3 | 31.7 | 27.4 |
| 中3 | 73.7 | 74.6 | 70.6 | 64.6 | 38.8 | 42.2 | 34.2 |
| 高1 | 80.7 | 82.6 | 80.9 | 67.5 | 55.3 | 46.9 | 45.7 |
| 高2 | 81.5 | 82.2 | 81.0 | 68.5 | 53.9 | 43.9 | 42.4 |

係り受け解析と照応解決は、ＡＩの射程内に入っている表層的な読みを問う問題です。その2つは、人間の受検者もそこそこできています。けれども、それで喜んではいけません。ＡＩ並みということは、ＡＩに代替されるということですから。重要なのは、ＡＩにはまだ難しい他の4つの分野である「同義文判定」「推論」「イメージ同定」「具体例同定」がどの程度できるか、ということです。ＡＩと差別化して２０３０年を生き延びるには、できればこの辺りの正答率は7割ほしいところです。が、そのレベルに達しているのは「同義文判定」だけです。解答方法が複数選択であることを考慮に入れても、「イメージ同定」と「具体例同定」の正答率の低さは目を覆いたくなる数字です。

ただ、この数字の並びだけを見ても、どう解釈すればよいかちょっとわかりません。二択である「同義文判定」と複数選択の「具体例同定」を単純に比較することはできないからです。そこで、私たちは「ランダム率」という新しい概念を

表3-8　学年別のランダム率

(%)

| 学年 | 係り受け | 照応 | 同義文判定 | 推論 | イメージ同定 | 具体例同定（辞書） | 具体例同定（数学） |
|---|---|---|---|---|---|---|---|
| 小6 | 35.8 | 52.6 | 95.3 | 57.3 | 54.7 | 56.0 | 100 |
| 中1 | 31.6 | 36.8 | 78.9 | 61.8 | 42.4 | 68.5 | 86.4 |
| 中2 | 26.1 | 25.4 | 78.8 | 54.6 | 37.3 | 63.5 | 82.4 |
| 中3 | 18.3 | 15.6 | 70.2 | 43.4 | 31.1 | 48.7 | 79.4 |
| 高1 | 10.8 | 6.5 | 57.4 | 38.6 | 11.7 | 47.9 | 53.1 |
| 高2 | 10.3 | 6.2 | 65.7 | 37.6 | 13.4 | 53.4 | 57.6 |

編み出しました。先にも何度か触れましたが、調査に使った問題はすべて選択式です。サイコロを振ったり当て推量で答えたりしても、正答率は四択なら25％、三択なら33％です。そこで、受検した各学校や機関の中で「ランダム並みよりもましとは言えない受検者」が何割いるか、ということを計算したのです。

「ランダム並み」ということは、当該の問題タイプが「多少できない」とか「できない場合がある」のではありません。「まったくできない」と解釈すべきでしょう。

その「ランダム並み」の生徒の割合を示したのが表3−8です。中学3年生の行を見てください。「係り受け」や「照応」ではランダム率は20％を切っています。「係り受け」や「照応」はAIでもある程度できる表層的な読みです。それすらランダム並みにしかできていないということは、2つの可能性が考えられるでしょう。一つは、そもそもこのテストに対してやる気が出なかった。けれども、私たちが設定した

「適当に答えている受検者をデータから除外する」という統計的判断をすり抜けてしまったという可能性です。もう一つは、なんらかの読み障害を抱えているという可能性です。アメリカの調査では、読み障害を抱えている人の割合は15％から20％くらいと言われているようです。「係り受け」や「照応」でランダム並みの受検者には、読み障害を抱えている生徒が含まれている可能性があります。中学1年生でＲＳＴを受検することが、読み障害の早期診断、早期支援につなげられればと願っています。

しかし、恐ろしいのは、ＡＩと差別化しなければならない「同義文判定」「推論」「イメージ同定」「具体例同定」のランダム率です。「推論」は4割、「同義文判定」は7割を超えています。つまり、教室で座っている生徒の半分が、サイコロ並みだということです。推論や同義文判定ができなければ、大量のドリルと丸暗記以外、勉強する術がありません。推論の例題4（p．192）を見てください。「エベレストは世界で最も高い山である」が提示文です。それに対して、「エルブルス山はエベレストより低い」かどうかがわからない生徒は、「富士山はエベレストより低い」「キリマンジャロはエベレストより低い」「クック山はエベレストより低い」……と、あらゆる例を覚えなければならないでしょう。つまり、「一を聞いて十を知る」ために必要な最も基盤となる能力が推論なのです。

これが、私たちが「中学生の半数は、中学校の教科書が読めていない状況」と判断する

**表3-9　同じ学校内での学年別の分野別正答率**

(%)

| | 中学校 | | | 高校 | |
|---|---|---|---|---|---|
| 学年 | 中1 | 中2 | 中3 | 高1 | 高2 |
| 係り受け | 62.6 | 65.7 | 71.3 | 76.3 | 77.4 |
| 照応 | 60.6 | 63.8 | 73.7 | 80.3 | 81.0 |
| 同義文判定 | 60.3 | 63.9 | 76.7 | 75.6 | 79.4 |
| 推論 | 56.5 | 58.0 | 63.2 | 61.2 | 63.7 |
| イメージ同定 | 30.6 | 32.2 | 47.1 | 47.4 | 48.8 |
| 具体例同定（辞書） | 29.0 | 29.7 | 41.6 | 38.8 | 36.6 |
| 具体例同定（数学） | 22.1 | 26.6 | 31.8 | 30.8 | 31.9 |

に至った理由です。

数学の定義に従って4つの選択肢のどれがそれにあてはまるかを選ぶ「具体例同定（数学）」のランダム率は、なんと約8割です。「偶数とは何か」「比例とは何か」という定義を読んで、偶数や比例を選ぶだけの、計算も公式も必要ない問題において、中学3年生の8割がサイコロ並みにしか答えられなかったのです。こんな状況でプログラミング教育を導入できるでしょうか。プログラミングはまさに数学的な定義のみでできているのですから。日本の科学技術の未来は暗いと言わざるを得ないでしょう。

表3-9は学年別の分野別正答率です。中学校は全学年に受検していただけた学校のみを集計し、高校は、1、2年生が受検した高校基礎テストの協力校約5000人分のデータを掲載しています。受験準備に追われる高3生には、なかなかご協力いただけなかったためです。

中学校では学年が上がると正答率も多少上がっています。

それが学校教育の成果なのか、学校教育以外の生活体験も含めての年齢的成熟によるものなのか、学校教育の成果であったとしても、それが期待された以上のものなのか、それには足りていないのかなど、上昇の理由はこの調査だけではわかりませんが、すべての分野で中学生のうちは正答率が上昇していることはわかります。ランダム率も下がる傾向にあります。

ところが、高校では学年が上がっても正答率は伸びていません。表からはごく僅かながら上がっているような印象を受けるかもしれません。たとえば「係り受け」の高校1年生の正答率76・3％に対して、2年生は77・4％です。しかし、この僅かな差は統計学的に有意な差とは言えません。つまり、上がっているとは言えないのです。

この調査だけでは、高校生になると学年が上がっても正答率が上がらない理由はわかりません。可能性としては、読解力のような基盤的素養は15歳ぐらいまでの教育でほぼ決まるとか、高校の教育が読解力の涵養（かんよう）には役立っていないなどいろいろな可能性が考えられるでしょう。ただ、このデータから、「読解力は生まれ持ってのものだ」であるとか、「高校生になったら伸びないのだから諦めるしかない」などと結論づけるのは早計です。私の身近でも、大学卒業後に読解力が飛躍的に向上した例があります。つまり、生まれつきでもないし、高校生になったら伸びないということではないということです。

最後に問題タイプ間の関係をチェックしました。たとえば、「係り受け」の能力と「照応」の能力の間には、０・６４７という高い相関がありました。一方、同じ「具体例同定」でも、辞書と数学の定義を理解する能力との間には、０・３４５という弱い相関しかありませんでした。しかし、すべてのタイプの能力の間には正の相関が認められました。つまり、ＲＳＴで調べている６つの能力、「係り受け」「照応」「同義文判定」「推論」「イメージ同定」「具体例同定」はそれぞれ密接に関係してはいるけれど、異なる能力だということです。ＡＩがある程度の精度を出している「係り受け」と「照応」は、偏差値55以上の高校であればＡＩ並みかＡＩ以上にできます。

もちろん、表層的な読解ができたほうが、後半の課題の正答率は上がります。表層的な読解はできないのに後半の深い読解ができる受検者はいません。ただし、表層的な読解ができたら、意味の理解が必要な深い読解もできるとは限らないのです。

# 偏差値と読解力

## 基礎的読解力は人生を左右する

「基礎的読解力がないよりはあるほうがいいけど、そこまで大騒ぎするほどの問題なの？」と思う読者の方も少なくないかもしれません。いいえ、その考えは甘いです。表3-10を見てください。これは、ＲＳＴを受検した高校の平均能力値と「家庭教師のトライ」と「偏差値ｎｅｔ」が公表しているその高校の偏差値との相関を示したものです。ＲＳＴのほとんどの分野で0・75から0・8の相関があります。こんなに高い相関は、「身長と体重」とか「同じ広さのマンションの、駅からの距離と家賃」のようなもの以外では滅多にお目にかかれないほどの高い相関です。さて、解釈は2つに一つです。「偏差値の高い高校に入ると基礎読解力が上がる」か「基礎読解力が高いと偏差値の高い高校に入れる」のどちらかです。前者はあり得ません。なぜなら、高校1年と2年の間に能力値の差が見られないためです。まさか基礎読解力だけで高校入試を突破できるとは考えにくいので、

**表 3-10　高校の偏差値と読解能力値の平均値との相関係数**

| | 偏差値 net | 家庭教師のトライ |
|---|---|---|
| 係り受け | 0.813 | 0.806 |
| 照応 | 0.802 | 0.791 |
| 同義文判定 | 0.775 | 0.741 |
| 推論 | 0.818 | 0.804 |
| イメージ同定 | 0.854 | 0.834 |
| 具体例同定（辞書） | 0.639 | 0.668 |
| 具体例同定（数学） | 0.685 | 0.678 |

もっとも正しい解釈は「基礎読解力が低いと、偏差値の高い高校には入れない」でしょう。当然です。基礎読解力がなければ、教科書だけでなく、試験問題の問題文も速く正確に読めないからです。

先ほど、中学校では学年が上がるごとに正答率が上がる傾向がある、と書きました。ただし、分散が極めて大きいです。例えば、係り受けの問題を4分間で2問しか解けず、どちらも不正解だった生徒と、20問以上解いて全問正解という生徒が同じクラスで学んでいるのです。

そのような「バラエティに富む」生徒たちが、高校入試に挑み、そして結果的にはRSTで測る基礎読解力の上から順に、偏差値上位の高校に入学しているのです。まさに人生を左右していると言えるでしょう。

実はさらに驚くべきことが発見されました。「旧帝大に一人以上進学している高校」だけを選んで、RSTの能力値と、「旧帝大進学率」の相関を取ったのです。旧帝大とは、東大・

京大・東北大・阪大・名大・北大・九大の7つの国立大学です。こんなに基礎的な読解力の有無がそこまで影響することはないだろうと思って調べたのですが、そこにも高い相関が見られたのです。

その事実を確認した私は、「御三家」と呼ばれるような超有名私立中高一貫校の教育方針は、教育改革をする上で何の参考にもならないという結論に達しました。理由がわかりますか？　そのような学校では、12歳の段階で、公立進学校の高校3年生程度の読解能力値がある生徒を入試でふるいにかけています。実際にそのような中学の入試問題を見ればわかります。まさにRSTで要求するような文を正確に、しかも集中してすらすら読めなければ、スタート地点に立つことさえできないように作られているのです。そのような入試をパスできるような能力があれば、後の指導は楽です。高校2年まで部活に明け暮れて、赤点ぎりぎりでも、教科書や問題集を「読めばわかる」のですから、1年間受験勉強に勤しめば、旧帝大クラスに入学できてしまうのです。その学校の教育方針のせいで東大に入るのではなく、東大に入れる読解力が12歳の段階で身についているから東大に入れる可能性が他の生徒より圧倒的に高いのです。

## 何が読解力を決定するのか

　ここまで読んだ読者の方で、特に高校生未満のお子さんをお持ちの方は気になって仕方がないことでしょう。どうすれば、その「基礎読解力」が身につくのか、と。

　私たちもそのことに興味がありました。ですから、生活習慣、学習習慣、読書習慣などかなり網羅的なアンケートを実施しました。つまり、どのような習慣や学習が、読解力を育て、逆に損なう原因になっているかを調査したのです。

　まずは読書習慣。読書は好きか、苦手か。好きだと答えた場合にはいつごろから好きか、苦手な場合はいつごろから苦手になったか、直近の1ヵ月で何冊読んだか、好きな本のジャンルは文学かノンフィクションかなど、かなり細かく尋ねました。その結果、どの項目も能力値と相関が見当たらなかったのです。これはショックでした。当然、小さいころから読書が好き、と答えた生徒の読解力が高いだろうと期待していたからです。

　では、学習習慣はどうか。1日何時間家庭で勉強をしているか。塾には行っているか、家庭教師はつけているか。習い事はしているか、それはスポーツ系か音楽系かなども尋ねました。なんの相関も発見されませんでした。

　では、得意科目はどうでしょうか。理系に苦手意識を持っている生徒は、数学や理科の教科書は見るのも嫌かもしれません。だとしたら、得意科目からの出題は正答率が高いのに、苦手科目からの出題は正答率が下がるということもあり得ます。ところが、何の影響も見られませんでした。数学が苦手という生徒でも、能力値さえ高ければ、数学の教科書から出題された問題にもちゃんと正解できます。一方、数学が好きだと自己申告した生徒でも、能力値が低ければ、計算を求めないような具体例同定（数学）の問題で間違えるのです。

スマートフォンを1日どれくらい使うか、新聞の購読の有無、ニュースをどんな媒体から知るかなども尋ねました。スマートフォンを使いすぎるとやや能力値が下がるかなぁ、というくらいで、目立つ相関は何もありませんでした。

性別も能力値には何の関係もありませんでした。

ご期待に添えなくて申し訳ないのですが、今のところ、「こうすれば読解力は上がる」とか「このせいで読解力が下がる」と言えるような因子は発見されなかったのです。

では、本当に、読書も学習習慣も読解力には何の影響もないのでしょうか。そこまで考えて、私は「はた」と思い当たりました。なにしろ、問1の「仏教問題」や問3の「幕府問題」に答えられない中学生です。アンケートの文そのものを正確に読めなかった可能性すらあります。さらに言えば、自分が読書が本当に好きなのか、数学が得意なのか、客観的に判断できていないのかもしれません！

こうして、「基礎読解力を左右するのは何か」を、アンケートで明らかにすることを、私は諦めました。

ここまで読むと「読解力を上げる方法なんてないんだ」と思うかもしれません。いいえ、そんなことはないのです。埼玉県戸田市では2016年以降、小学6年生から中学3年生まで全員がRSTを受検しているとお伝えしました。それだけではないのです。埼玉県は（まだ一部ですが）先生たちもRSTを受検します。なぜか。RSTでは問題を使いまわすので、例題以外の問題を公開しません。ですから、先生たちは自分でRSTを受検しないと、どんな問題が出題され、どうして生徒たちがつまずいたのか、わからないのです。先生が自ら受検するのは勇気が要るに違いありません。「もし、自分も解けなかったらどうしよう……」と心配になるでしょうから。

実際に受検した先生方からは次のような感想をいただきました。

「実際にRSTをしてみるまで、教科書の文章を読むことがこんなに難しいこととは思いませんでした。解説を聞いてみるときちんと読んでいれば正解できたなと思う問題ばかりで普段いかにきちんと読んでいないかを痛感しました」

「日ごろいかに自分があいまいに文を読んでいるかを理解することができました。RSTの講義はとても興味深く、すべての教科において『教科書を読む』ことの大切さ、そしてそれに『国語』という教科がいかに深く関わりを持っているのかの自覚を持つことができました」

特に、中学・高校の先生方は、教科担任制ですから自分の科目以外の教科書がどのように書かれているか、ほとんど読んだことがありません。読みなれていない分野の教科書から出題される問題に取り組むことで、生徒たちが「読み」のどこでつまずいているのか実感できたのでしょう。

戸田市ではさらに、学校内で先生たちが放課後集まって、RSTの問題を自力で作ったり、どうすれば読めるようになるのかの授業の検討を毎週のように重ねたりしているそうです。その活動をしている先生に「大変でしょう?」と尋ねると、「いいえ、楽しいです」という返事が返ってきました。「元々、子どもたちが好きで、教えるのが好きで教員になっているので。子どもたちがわかっている、という手応えを感じられると嬉しいんです」と。

なるほど。学校というところは、本当に大変な職場です。どこかの学校でいじめなどの不祥事があるたびに、全国一斉に「アンケート調査をしろ」というようなお達しが下ります。調査調査の明け暮れです。中教審の委員の思いつきとしか思えない、プログラミング教育とかアクティブラーニングとかキャリア教育とか持続可能性社会教育とかを突っ込まれ、さらには小学生から英語教育。いい加減にしてくれ！　と多くの先生たちは内心、思っていたのかもしれません。子どもが好きで教えるのが好きで教員になった彼らです。「教えたら、わかる」という手応えこそが最大のモチベーションになるのでしょう。

そういう中で、埼玉県が独自に行っている「埼玉県学力学習状況調査」が行われました。そこで、驚くべきことが起こったのです。それまで戸田市は埼玉県全体の中で、ずっと中くらいの成績でした。それが突如として、中学校は1位、小学校は2位で、総合1位の成績に急上昇したのです。1年だけの結果からは何とも言えませんし、因果関係の検証も必要でしょう。でも、光明が見えてきた気がします。科学的なデータに基づいて、先生たちが「きちんと教科書が読めるためにはどうしたらよいか」を研究し、実践する、そういう地味でベーシックなことが、いかに重要かということを示唆する結果ではないでしょうか。

かつて、数学者の藤原正彦さんは、学校教育に何が必要か、と尋ねられて「一に国語、二に国語、三、四がなくて、五に算数」とおっしゃいました。私は今現在の「国語」でよいかには疑問があるので、「一に読解、二に読解、三、四は遊びで、五に算数」でしょうか。「遊び」といっても、手先や身体を動かす、モノに頼らない遊びです。そして、日本の学校が誇る、給食当番や掃除当番などの班活動。それ以外のものは要らない。私はそう思います。

基礎読解力とアンケート結果との間に、何ら意味ある相関が見つからない中、大変気になることが見つかりました。就学補助率と能力値との強い負の相関です。学校教育法第19条では、「経済的理由によって、就学困難と認められる学齢児童又は学齢生徒の保護者に対しては、市町村は、必要な援助を与えなければならない」と定めています。援助の必要があると判断された児童・生徒は、就学補助を受けています。就学補助を受けているか否かは、アンケートでは聞いていません。協力いただいた中学校に就学補助率を伺いました。すると、就学補助率が高い学校ほど読解能力値の平均が低いことがわかったのです。つまり、貧困は読解能力値にマイナスの影響を与えています。

## 教科書を読めるようにする教育を

全国2万5000人を対象に実施した読解力調査でわかったことをまとめてみます。

・中学校を卒業する段階で、約3割が（内容理解を伴わない）表層的な読解もできない
・学力中位の高校でも、半数以上が内容理解を要する読解はできない
・進学率100％の進学校でも、内容理解を要する読解問題の正答率は50％強程度である
・読解能力値と進学できる高校の偏差値との相関は極めて高い
・読解能力値は中学生の間は平均的には向上する
・読解能力値は高校では向上していない
・貧困は読解能力値にマイナスの影響を与えている可能性が高い
・通塾の有無と読解能力値は無関係
・読書の好き嫌い、科目の得意不得意、1日のスマートフォンの利用時間や学習時間などの自己申告結果と基礎的読解力には相関はない

高校生の半数以上が、教科書の記述の意味が理解できていません。これでは、8割の高校生が東ロボくんに敗れたこともうなずけます。記憶力（正確には記録力ですが）や計算力、そして統計に基づくおおまかな判断力は、東ロボくんは多くの人より遥かに優れています。このような状況の中で、ＡＩが今ある仕事の半分を代替する時代が間近に迫っているので

す。これが、何を意味するのか、社会全体で真摯に考えないと大変なことになります。

繰り返しになりますが、私は、「日本の中高校生はこんなに読解力が下がっている」と告発したいわけではありません。学校現場を批判したいわけでもありません。

中高校生の読解力があまりに低い実態を訴えている理由は、この子たちが中学校を卒業するまでに、なんとしてでも教科書が読めるようにしないと、少子化に突き進んでいるのに移民は頑なに受け入れたくないという日本は、とんでもないことになるからです。日本は欧米に羨まれる画期的に低い失業率を達成しています。それを維持するには、最低限、作業マニュアルや安全マニュアルを読んで、その内容を理解する必要があります。そのためには、教科書が読める読解力が是非とも必要なのです。

## AIに代替される能力

「係り受け」や「照応」の正答率が9割を超えても、それ以外のタイプの問題の正答率が5割を下回るケースが頻繁にあります。有名私大に大勢進学させている高校でも、推論のランダム率が4割を超えるということすらあります。

表層的理解はできるけれど、推論や同義文判定などの深い読解ができない場合、文章を読むのは苦ではないのに、中身はほとんど理解できていないということが起こり得ます。コピペでレポートを書いたり、ドリルと暗記で定期テストを乗り切ったりすることはできます。けれども、レポートの意味や、テストの意味は理解できません。ＡＩに似ています。ＡＩに似ているということは、ＡＩに代替されやすい能力だということです。

私が最近、最も憂慮しているのは、ドリルをデジタル化して、項目反応理論を用いることで「それぞれの子の進度にあったドリルをＡＩが提供します！」と宣伝する塾が登場していることです。こんな能力を子どもたちに重点的に身につけさせることほど無意味なことはありません。問題を読まずにドリルをこなす能力が、最もＡＩに代替えされやすいからです。

小学生のうちからデジタルドリルに励んで、「勉強した気分」になり、テストでいい点数を取ってしまうと、それが成功体験となってしまって、読解力が不足していることに気づきにくくなります。中学校に入ってもデジタルドリルを繰り返せば、1次方程式のテストで満点が取れて、英単語や漢字は身につきますから、そこそこの成績は取れるはずです。ところが、受験勉強に向かい始める中学3年生になると、なぜか成績が下がってしまう。

本人は薄々気づいているはずです。「なんだか学校の先生が言っていることがわからない」、「教科書は読んでもわからない」……。けれども、どうしてよいかわかりません。だから余計にデジタルドリルに没頭してしまいます。

東ロボくんに散々「ドリル」をさせた私は自信を持って言います。読解力を身につけない限り、そこから先の成績は伸びません。読解力のある生徒が受験勉強に精を出し始めると、読解力のない子の相対的な成績は、むしろ下がる一方になります。東ロボくんも、いくら憶える英文の数を増やしても、英語の偏差値は50前後で伸び悩みました。

問4「メジャーリーグ問題」や問5「円の問題」で誤答を選ぶような生徒は、読解力を身につけないまま、ドリルと暗記だけで大学受験をしている可能性が大きいと思われます。それでも、偏差値が50を超える難易度中位の大学に入学できます。しかも、今の大学生の半数は、学力試験を免除されるAO入試や推薦入学で大学に入学しています。そして、偶数と奇数を足すとなぜ奇数になるか、と尋ねられたら、「2＋1＝3だから」などと大真面目で解答してしまうのです。

問題文に出てくる数字を使ってとりあえずなんらかの式に入れて「当てようと」してしまう。なぜそんなことをしてしまうのか？　フレームが決まっているドリルでは、それが最も効率の良い解き方だったからです。フレームを決めざるを得ないデジタル教材の最大の欠点はここにあります。フレームが決まっていると、子どもは教える側が期待しているのとは別の方法で、そのフレームのときだけ発揮できる妙なスキルだけを偏って身につけてしまうのです。

思い出してください。フレームが決まっているタスクはＡＩが最も得意とする作業です。そのような能力は、人間より遥かにスピードが速く、エラーも少ない、そして何よりも、安価なＡＩに代替されてしまいます。

**求められるのは意味を理解する人材**

では、ＡＩに代替されない人材とはどのような能力を持った人なのでしょう。それは、意味を理解する能力です。第2章で詳しく見てきたとおり、ＡＩは意味を理解しないからです。

「1、3、5、7の平均はいくつか」と問われると、日本では大学進学希望の高校生のほぼ100％が（1＋3＋5＋7）÷4＝4と正しく答えることができます。国民の半分以上が平均の公式を運用できる国は、日本とシンガポールくらいしかないかもしれません。

では、その平均の意味はわかっているのでしょうか？


ある中学校の3年生の生徒100人の身長を測り、その平均を計算すると163・5

cmになりました。この結果から確実に正しいと言えるのは、次のうちどれでしょう。

①身長が163・5cmよりも高い生徒と低い生徒は、それぞれ50人ずついる。

②100人の生徒全員の身長をたすと、163・5cm×100＝16350cmになる。

③身長を10cmごとに「130cm以上で140cm未満の生徒」「140cm以上で150cm未満の生徒」…というように区分けすると、「160cm以上で170cm未満の生徒」が最も多い。

本章の最初にお話しした、「大学生数学基本調査」の問題の一つです。正解は「②だけ」です。①は中央値の、③は最頻値の性質です。けれども、大学生の4人に1人は正しく答えられませんでした。公式は知っている、でも意味はわかっていないのです。

今後、統計解析ソフトであるR、さらにはグーグルが無償公開したような統計に基づく機械学習ソフト群テンソルフローを使いこなす人も増えていくでしょう。けれども、本当に重要なのは、平均と中央値が異なるように、それが何を意味しているか、それがどんなリスクを含んでいるのかを理解する人材です。

ＡＩを取り入れている大企業では、ＡＩの中身、つまり数学を理解する人間の世界的な奪い合いが始まっています。グーグルが、たとえ日本的な意味でＫＹであろうが、有能な数学博士や数学オリンピックの金メダル受賞者を高給で買い占めていることはつとに知られています。残念なことに、日本の企業は文系がトップに座っていることが多いからでしょうか、自分とコミュニケーションが取れないような数学出身者を使いこなすことができず、ここでも大きく出遅れています。ＡＩを活用できる人材は当面有用でしょうが、賞味期限はそれほど長くないだろうと私は予想しています。「ウェブ」という言葉が魔法のように見えた２０００年、ウェブクリエイターはホームページを作れるというだけで、もてはやされました。しかし、10年でその価値は暴落しました。重要なのは、新しいソフトウェアを使いこなすことができるかどうかではないのです。その中身、使うべきポイントや弱点を論理的に理解しているか否かです。

## アクティブ・ラーニングは絵に描いた餅

近年、大学でも高校でも「アクティブ・ラーニング」の重要性が頻りに強調されています。アクティブ・ラーニングはご存知でしょうか。文科省の用語集では、「教員による一方向的な講義形式の教育とは異なり、学修者の能動的な学修への参加を取り入れた教授・学習法の総称。学修者が能動的に学修することによって、認知的、倫理的、社会的能力、教養、知識、経験を含めた汎用的能力の育成を図る。発見学習、問題解決学習、体験学習、調査学習などが含まれるが、教室内でのグループ・ディスカッション、ディベート、グループ・ワークなども有効なアクティブ・ラーニングの方法である」と説明されています。「学修」という用語が文部科学省らしいところですが、文科省または中教審の基準では、高校までが「学習」で、大学は「学修」なのだそうです。

つまり、教えてもらうだけではなくて、自分でテーマを決めたり自分で調べたりして学習したり、グループで話しあったり議論したり、ボランティアや職業体験に参加したりというのがアクティブ・ラーニングだということです。

なんだかとても魅力的に聞こえます。でも、ちょっと待ってください。教科書に書いてあることが理解できない学生が、どのようにすれば自ら調べることができるのでしょうか。自分の考えを論理的に説明したり、相手の意見を正確に理解したり、推論したりできない学生が、どうすれば友人と議論することができるのでしょうか。「推論」や「イメージ同定」などの高度な読解力の問題の正答率が少なくとも7割ぐらいは超えないと、アクティブ・ラーニングは無理だろうと私は考えています。

## 「悪は熱いうちに打て」

先日、テレビでこんな光景を目にしました。海水浴場でタレントさんがビキニ姿の女の子にクイズを出題しています。問題は「○○は熱いうちに打て。さて、○○に入る言葉は？」という諺の穴埋め問題でした。女の子は4人組です。口々に「え～、知らな～い。何だろ？」「あ、釘かも。釘だよ、きっと」「釘って、熱いっけ？」などと、頓珍漢なことを笑いながら言い合っています。

そんな流れの中で、一人の女の子が「悪じゃない？」と言ったんです。それに他の3人が反応して、「悪？」「どうして？」「どういう意味？」と、その突拍子もない珍答に関心を示しました。「悪」と言った女の子は続けます。「だって、悪い奴はさ、出てきたなっていうところでガーンとやってやんなきゃ、しばくとかしないとダメじゃん」――。もちろん、漫才師のように、笑わせるためにぼけたわけではありません。どちらかと言うと、〈私、今、いいこと言ってる〉と誇らしげです。

私は、バカバカしい、と思ってリモコンに手を伸ばしました。そのとき、一人の女の子が「そうかも」と同調したのです。びっくりです。伸ばした手が縮みました。すると、他の2人も「あ、それだ、悪は熱いうちに打てだよ」「そうだ、そうだった」と納得してしまい、4人声を揃えて「せーの、『悪』!」と元気よく答えました。驚愕です。

驚愕なんて、大袈裟な。若い女の子の常識なんてその程度だと思われましたか。私が驚いたのは、「悪は熱いうちに打て」という珍答にではありません。答を知っている者にとっては珍答である解答が、それを知らなかった4人にとって、一番確からしい解答になっていく過程に驚いたのです。つまり、「推論」が正しくできない人ばかりが集まってグループ・ディスカッションすると、このような事態に陥ってしまう危険性が高いことを思い知ったのです。

もう一つ、思い当たることがあります。娘が小学校4年生のときのことです。理科の授業で星の光について勉強したそうです。先生は「星は今光って見えるから、今輝いているように見えるかもしれないけれど、遠いところにある星の光が地球に届くまでには時間がかかります。だから、今、見ている星の光は何万年も前に輝いた光なのです」と説明しました。ついでに、1年に光が進む長さを1光年ということも勉強しました。

クラスの生徒たちが「ふ~ん」とわかったようなわからないような微妙な反応を示しているときに、娘は先生に質問しました。「太陽はどうですか?」

先生はちょっと困ったような表情をされたそうです。すると、場の空気を読むことに長けた男の子が、「ば~か、太陽の光はいま光ったに決まっとるじゃろ」と言ったのです。

その大声を機にたくさんの生徒が口々に「そうじゃ、そうじゃ、太陽は今に決まっとる。さっきのは星の話や」と言い出し、結局、太陽は今光ったことに「決まった」そうです。もちろん、間違いです。太陽の発した光が地球に届くのには8分ぐらいかかります。アクティブ・ラーニングはこんな危険性を孕んでいるのです。

もちろん、アクティブ・ラーニングは、必ずしも、正解に辿り着くことを目標としていないことは知っています。正解に辿り着く方法を身につけさせるのが主眼なのでしょう。たまには結論が間違っても構わない。また、他者と討論したり、グループで議論したりすることで、自然と社会性も身についていく。それも狙いなのかもしれません。現代の社会の中で上手く生きて行くには、場の空気を読むことは非常に大切で、論理的に正しいことや、正しく推論するとそうなるに違いないことを主張し過ぎると、窮地に立たされることがあることを、私も知っています。

ですが、正解に辿り着く、あるいは正解に辿り着く手法を身につけさせるためにアクティブ・ラーニングを教育に取り入れるのであれば、少なくとも議論をした後で、事典やなんらかの手段、せめてウィキペディアなどで調べて、何が正しかったのか、確認できなければしょうがない。でも、ちょっと待ってください。彼らはウィキペディアを読めるでしょうか。なにしろ教科書が読めないのですよ。せめてＲＳＴの正答率が8割以上にならなければウィキペディアを読むのは無理でしょう。ネットに「正解そのもの」は書いていないかもしれない。だとしたら、正しい情報から正しく推論して、どの答が正しいかを判断しなければならない。RSTが測っている「推論」や「具体例」の問題を遥かに超える能力を前提としているのです。RSTの2万5000人を超えるデータから断言できます。意味のあるアクティブ・ラーニングを実施できる中学校は、少なくとも公立には存在しません。高校でも、ごく限られた進学校だけです。

このような絵に描いた餅が学校現場に導入された責任は、文部科学省よりもその方針を決定した中央教育審議会、そしてその構成員である有識者にあります。私のような一介の数学者がRSTを発明するまで、なぜ「中高校生は教科書を読めているか」という事実を考えようとも、調べようともしなかったのでしょうか。なぜ、数十年前に卒業した中学校の記憶と、自分の半径5メートル以内にいる優秀な人たちの印象に基づいて、こんな「餅」の絵を描いてしまったのでしょうか。

教育は国家百年の計、とよく言われます。ならば、もっと科学的な設計が必要です。RSTは教育ビッグデータの上で、確率と統計を駆使して結論を導きました。まさに、ビッグデータに基づくサイエンスを教育に適用したのです。もっとも私は誠実な数学者なので、これを「世界初のAIによる読解力診断」などと名付けたりしませんけれど。

## 現場の先生たちの危機感

中高校生の読解力については、現場の教員のみなさんが、最も敏感にそれを察し、危機感を抱いておられます。高等学校の先生からは、「板書ができない」という悩みを打ち明けられました。板書をしても、書き写せない生徒が増えているからだそうです。筆記試験が難しくて普通免許が取得できない卒業生や、折角、板前修業しても、調理師免許が取れない卒業生も少なくないそうです。

ＲＳＴにご協力いただいているある過疎地の高等学校では、正答率がランダム率以下の生徒がクラスの半分以上を占めました。鉄道も廃止となり、地元にこれといった産業のない地域に、普通免許の筆記試験に合格できる程度の読解力を身につけずに卒業する子たちが大勢いる――その事実をつきつけられて私は頭を抱えました。

教科書が読めなければ、予習も復習もできません。自分一人では勉強できず、ずっと塾に通わなければなりません。けれども大学には塾はありません。社会に出ればもちろんです。勉強の仕方がわからないまま社会に出てしまった人たちはどうなるのか。運転免許が取れなかったり、調理師になれなかったりするだけではありません。ＡＩに仕事を奪われてしまいます。

私は中等教育の専門家でも教育行政の専門家でもありません。数学者である私が今なすべきことは、東ロボくんの挑戦を通して明確になってきた現状のＡＩの実像や、ＲＳＴを通じて判明した日本の、そしておそらく世界の中高校生の読解力の実態を広く社会のみなさんにお伝えすることだと思っています。

けれども、東ロボくんとＲＳＴによる読解力調査の双方に深く関わった者として、これだけは言っておきたいと思います。

ＡＩと共存する社会で、多くの人々がＡＩにはできない仕事に従事できるような能力を身につけるための教育の喫緊の最重要課題は、中学校を卒業するまでに、中学校の教科書を読めるようにすることです。世の中には情報は溢れていますから、読解能力と意欲さえあれば、いつでもどんなことでも大抵自分で勉強できます。

今や、格差というのは、名の通る大学を卒業したかどうか、大卒か高卒かというようなことで生じるのではありません。教科書が読めるかどうか、そこで格差が生まれています。経済界には「小学生のうちから英語を」「中学高校の授業でコンピュータープログラミングを」などと、主張されている方々が多くおられますが、現場を知らないから、そのようなことが言えるのだと思います。

現場の教員の方々は、それを皮膚感覚で感じておられます。私たちが実施している

ＲＳＴは、文科省や教育委員会などがスケジュールを確保して上意下達で実施する学力調査ではありません。そのような調査に学校が協力することは、とても異例なのだそうです。学校の授業や行事の年間スケジュールは、年度初めにびっしりと決定されていて、イレギュラーなイベントが入り込む余地はありません。受験に関係のない調査などもってのほかです。東大や京大の教育学部でさえ、なかなか学校現場には調査依頼に協力してもらえないそうです。ところが、私たちのＲＳＴには僅か1年半の期間に、全国で１００以上の学校や機関が協力してくださいました。奇跡だと言われました。協力していただけたのは、このテストで問おうとしていることが、現場の危機感を体現していたからだと思います。現場の教員や教育委員会の方々も、「生徒は本当に読めているのか」を知りたかったのです。

協力してくださったのは中学や高校だけではありません。日本を代表する一流企業数社にもご協力いただきました。安全マニュアルや仕様書が読めない、ビジネス文書を書けない、個人情報保護法などが新しくなったときｅラーニングで勉強させても最終テストをパスできない、あるいは具体的な場面での判断に使えないといった社員が多くなったという実感をもつ企業が増えているからでしょう。

稀に見る低い失業率を達成できている日本は、他の先進国から羨望の眼差しを向けられています。一方で、採用したい人が採れないという悩みをしばしば耳にします。クリエイティブで交渉能力が高く、直観力に優れている「トップガン」な人材が不足しているという意味ではありません。そういう人材は残念ながら確率的にしか生まれないので、人口が減れば人数も減ります。そうではなくて、仕様書を正しく理解して、手順書どおりに作業をし、いわゆる「ほうれんそう（報告・連絡・相談）」がきちんとできるあたり前の人材が、いくら人事にコストをかけても採れていないというのです。進学率１００％の高校の「推論」のランダム率が3割を超え、その能力が中学卒業以降伸びているとは言えない状況を考えると、致し方のないことかもしれません。

多くの人が成人するまでに教科書を正確に理解する読解力を獲得していない——この状況をなんとかしなければ、ＡＩと共存せざるを得ないこれからの社会に、明るい未来予想図を描くことはできません。それは、個人にとっても、社会全体にとっても同じです。

## 処方箋は簡単ではない

では読解力を養うにはどのようなことが有効なのか。残念ながらそれを解明する科学的な研究は今のところありません。

もし、今回の本を「数学者が考案！　世界初のＡＩに基づく読解力向上法」と銘打って、「こういうドリルをすれば、こういうことをすれば、あなたの読解力は劇的に向上します」というものにしたならば、とても売れるに違いありません。ドリルを作ってタイアップで売ったら何億円も儲けられたかもしれません。

でも、ごめんなさい。私はそんなことはしません。科学的に検証されてもいないことを「処方箋」として出版するほど倫理観は欠如していません。

私たちの研究グループでは、協力校とともに、「どのような読解能力値の生徒は、何をすればその能力を伸ばすことができるか」を、一つずつ科学的に検証しています。「係り受け」と「照応」については、どうすれば能力が上がるかの教育方法も考え、それが正しいかどうかの調査にも着手しています。けれども、「係り受け」と「照応」はＡＩにもできてしまいます。人間に期待するのは、ＡＩにはまだ難しい「同義文判定」、ＡＩには不可能と思われる「推論」「イメージ同定」「具体例同定」の能力です。そうでなければ、「ＡＩにできないことができる」人材とはならないからです。なんとしても、全中高校生の平均で７割程度の正答率となるような、教育方法の確立が求められます。次の本では、一つでも２つでも、科学的根拠に基づいた処方箋を提供できるように努力します。

でも、落ち着いて考えてみてください。

今まで、「画期的な教育法」と呼ばれるものは、山のように提案されてきました。その中には、デジタル教科書のように政府の支援を受けて、導入が進んでいるものも少なくありません。それにもかかわらず、今回お伝えしているような読解力の状況なのです。

多分、読解力の向上にはダイエットのような簡単な処方箋はないのです。

読めない人には、それぞれ理由があります。ドリルに頼りすぎたとか、わからない単語があると飛ばして読んでしまうとか。記述に矛盾があっても、活字になっていると信じてしまうとか。さまざまな偏りのタイプがあります。それを診断するために私たちが考案したのがRSTなのです。

実際に、一流企業の社会人の方、学校の先生、あるいは「読む」ことが仕事の編集者や記者の方に試しにしていただいても、意外に間違えたりします。そういう方たちは、読むのに自信があるので、最初は「教科書の書き方がよくない」とか「問題に曖昧性がある」とかさまざまな批判を口にします。けれども、RSTがいかに精緻に設計されているかを理解すると、別の感想を漏らすようになります。「自分は数学が苦手だから文系に行ったつもりだったけど、そもそも数学の教科書が読めないタイプだったのかもしれない」、「読めない部分は読み飛ばして、なんとなく全体をわかったつもりになっているだけだったのかもしれない」……。

ところで、私自身の話で恐縮ですが、読書は苦手なほうです。大学時代から、多くても年間5冊くらいしか本は読めません。活字を読むのは好きなのですが、そんなに早く読めないのです。でも、自分でない赤の他人が何年もかけて書いた本を理解するためには、著者が書くのに要した時間の倍はかかって当たり前だと思いませんか？ 数学の本や哲学書を1年に3冊以上きちんと読める人は本当にすごいなと思います。デカルトの『方法序説』は大変薄い本ですが、大学時代から20回は読んで、自分の科学的方法のほとんどをそこから学びましたが、それでもまだわからない部分があります。

もしかすると、多読ではなくて、精読、深読に、なんらかのヒントがあるのかも。そんな予感めいたものを感じています。

## AIに国語の記述式問題の自動採点はできない

本書の主要なテーマとは少し離れてしまいますが、関連する問題で是非お話ししておきたいことがあります。「大学入学共通テスト」と文部科学省の高校の学習指導要領についてです。

政府は、2020年には現在のマークシート方式のみのセンター入試を廃して、思考力や判断力を総合的に判断する「大学入学共通テスト」を導入すると発表しています。「たった1回のペーパーテストの1点刻みの成績で合否を競う偏差値教育ではない大学入試を」という政府の方針を耳にして、好ましく受け止めた方もおられると思います。けれども、実際には、先にも触れたとおり、すでに今の大学生の半数以上は、「ペーパーテスト」を受けずに大学に入学しています。「たった1回のペーパーテストで1点刻み」だったのは、遥か昔の話です。

大学生の思考力が足りないのは、センター入試がマークシート方式だからではありません。RSTの結果から明らかです。教科書を読める能力を身につけないまま大学に入学している学生が多いからです。

けれども、政府もマスコミも「たった1回のペーパーテストで1点刻み」の象徴としてセンター入試の改革を主張しました。政府が方針を決めてしまったのですから、センター入試は改革せざるを得なくなりました。仕方ありません。

その際、政府の方針で必須とされたのが、英語ではこれまでの「読む・書く・聞く」に「話す」を加えることと、国語に記述式問題を課すことでした。

大学入試センター試験の受験者は毎年50万人を超えます。受験料は1万8000円です。リスニングの試験を運用することに四苦八苦しているのが実情です。それに「話す」能力の診断を、英語を母語とする人々に委託したり、国語の筆記答案を採点したりするのは無理です。受験料を大幅に値上げするか、国費を投入してセンター試験会計の収入を増やさなければできません。高等教育の無償化が議論されている現状で受験料の値上げは論外、かといって、政府にセンター試験に投入する予算はありません。そこで、突破口にと期待されているのが、AIを活用した国語の記述式答案の自動採点です。「国語の答案を自動採点するAIはできないか」というのです。「海外では小論文の採点にAIが採り入れられているらしい」というのが理由でした。

しかし、小論文の採点と国語の筆記答案の採点はまったくの別物です。海外で採点にAIが活用されているという小論文には正解はありません。どのように採点しているかと言えば、AIに「良い論文」を学習させ、採点する論文と比較して採点しています。採点基準は内容とは関係なく、「どんな語彙をどれくらい使っているか」「一文の長さはどのくらいか」「どんな接続詞を使って書いているか」といった、外形的で数値化しやすい要素を基準にします。つまり統計です。それでも、そうした観点から五段階評価すると、結果的に、人間が採点するのとほぼ同じ結果になるそうです。

一方、「大学入学共通テスト」で導入が検討されている国語の問題は、数十から百数十字程度の解答が、模範解答と同義かどうか、同義でないにしてもどれくらい近いかを基準として採点するタイプの問題です。模範解答と答案という2つの文が同義かどうかを判定することができなければ、自動採点はあり得ません。そのため、現在、文部科学省が進めているAIプロジェクトでは、RSTでも開発した「同義文判定」が盛んに研究されています。

けれども、RSTの開発過程でも明らかになったように、現在の技術ではAIは同義文判定はできません。できることは、「似たタイプの答案を集めることで、採点基準をそろえる」ための支援をすることぐらいです。同義文判定は、自然言語処理の数十年の歴史の中で、「言い換え問題」や「含意関係認識問題」など、いろいろな言い方で繰り返し挑戦されてきましたが、なかなか精度が上がらない困難な課題なのです。

もう一つは、学習指導要領についてです。経済界に「中学高校の授業でコンピュータープログラミングを」との意見があることは紹介しましたが、是非は別として、今後IT人材を増やしたいならば、高校で三角関数と微積分、そして行列は必須です。機械学習も強化学習もシミュレーションも、この3つがわからないとどうにもならないからです。特に行列は欠かせません。前著『コンピュータが仕事を奪う』に詳しく書きましたが、グーグルのページランクは行列計算でできています。ディープラーニングなどは、そのものがまさに巨大な行列計算です。また、音声認識からアマゾンの「おすすめ商品」の選択まで、あらゆるところに出てくるのが行列です。なのに、文部科学省は高校の指導要領から行列を外してしまいました。

## いくつになっても、読解力は養える

この章の最後に、一つ申し添えておきたいことがあります。高校生の調査で学年により正答率の向上が見られなかった問題です。先にも触れたとおり、高3生のデータが十分取れておらず受験勉強が読解力向上に寄与するかどうか不明です。ただ、少なくとも1、2年生の能力値に差は見られませんでした。正答率の向上が見られない原因は不明です。可能性としては、読解力といった基盤的な素養の発達は15歳前後で止まってしまうこと、高等学校の教育が基本読解力が養われるように設計されていないことなどが考えられます。原因の究明も急務だと思います。

ただ、私は個人的な体験から、読解力はいくつになっても向上するという仮説を持っています。

一つは法学部生だった学生時代の体験です。冤罪で逮捕され後に無罪を勝ち取った女性のお話を聞く機会がありました。障害児施設で保育士をしておられた方です。とても有名な冤罪事件です。その女性が非常に落ち着いて、理路整然とお話しされるのを聞いて、私を含め多くの学生が、どうしてこんなに論理的に話ができるのに誤認逮捕されたのか、とても不思議に思い、当局に対して強い憤りを感じました。しかし、その後、冤罪事件で無罪を勝ち取った他の方たちのインタビューを読むにつれて、この事件が特殊ではなく、どなたも落ち着いて論理的に話されることに気づきました。

ここから先は私の勝手な想像に過ぎませんが、誤認逮捕された当初は、どなたも特に論理性に優れた方ではなかったのかもしれません。しかし、弁護士や支援者に助けられ、論理しか共通言語のない法廷で戦わざるを得ない状況の中で、論理的に理路整然と主張することができる能力が培われていったのではないでしょうか。

もう一つは、身近な例です。私が博士課程の指導をした学生に、仮説を立てたり推論したりすることができなくて、論理的な文章を書くのが苦手な学生がいました。博士論文を書くときには大変な苦労をしました。その元学生の男性に、ＲＳＴの問題を作るお手伝いをしていただいたのです。彼の担当は、他の人が作った問題の妥当性と、正解が適切であるかどうかを検討することでした。すると、みるみるうちに文章力が向上して、半年も経たないうちに、とてつもなく論理的な文章を書くようになったのです。彼はそのとき38歳でした。ですから、読解力や論理的思考の発達は、高校生やそこらの年齢で止まってしまうことはない。いくつになっても成長できるというのが私の仮説です。

# 第4章

# 最悪のシナリオ

# ＡＩに分断されるホワイトカラー

## どうして三角関数を勉強しなきゃいけないの？

さて、みなさん、大学入試は何のためにあるのか、お考えになったことはありますか。多くの方にとっては遠い昔の話でしょうが、受験勉強に明け暮れていたときには、誰だって、ふと、そんなことを考えたことはあるのではないでしょうか。

三角関数や微分・積分を勉強して、何のためになるのか。大学入試が終わったら、一生、そんなものが役に立つことはない。丸暗記した化学式も細胞の構造も世界史の年表も古文の単語も、そんなもの知らなくたって、社会に出てからたまに恥ずかしい思いをすることはあったとしても、困ることはないはずだ。なのに、大学受験があるから勉強しなくちゃならない。多くの人がそんな状況に疑問を持ったり、理不尽を感じたりしたことがあると思います。

私は数学者ですから、いやいや、そんなことはありません。数学って美しくて魅力に溢れていますと、声を大にして訴えたいところですけれど、「社会に出てから三角関数を知っていると何か役に立つことがありますか」と訊かれても、困ってしまいます。

では、なぜ、社会に出てからさして役に立たないようなことばかり教えて、それをどのくらい習得しているか、大学入試で試しているのでしょうか。

日本で近代社会が成立した明治時代以降、文部省や、大学の先生たちが何を考えて今の大学入試制度を作り上げてきたのかは別として、大学入試にははっきりとした機能があります。「当たり前じゃん」と言われそうですが、それは学生のスクリーニングです。ホワイトカラーとして社会に送り出すとき、この学生はどの程度の能力があるのか。その能力を測る指標として大学入試は機能しています。

学歴社会と言います。最近は、理系については修士課程で専門的な知識や技能を身につけている人材が優遇されるようになっていますが、文系の場合は大学院に行ったほうが就職率がかえって悪くなる。つまり、ホワイトカラーを代表する事務職を担う文系人材については、企業は大学や大学院での専門教育を重視していないということです。欧米や中国では、高級官僚は少なくとも修士かＭＢＡ、多くは博士を取得しているのとは対照的です。企業が文系人材の採用で重視しているのは、「大学入試をきちんと突破した」ことなのです。

三角関数や微分・積分は、一部の専門的職業を除き仕事には役に立ちませんが、それを理解できる能力や、理解はできないまでも公式を憶えて問題を解ける能力は、仕事でも有効で汎用性があります。他の科目も同じです。世界史の年表を暗記する力や、記述式の問題に解答できる能力には汎用性があるのです。もちろん例外はありますが、人事採用の経験上、偏差値の高い大学に入学できる学力がある人ほど、仕事でも能力を発揮する可能性が高いことが多かったため、大学入試が社会システムとして定着してきたのです。また、自分の役に立つかどうかもわからないことでも、やれと言われれば一生懸命に取り組む従順性や、入試のためだからと割り切って努力できる合理性は、企業が多くの従業員に求める資質だと考えることもできます。国や大学の側が意識的にそう考えて大学制度や入試制度を設計してきたかどうかはともかく、企業の側は、大学入試のそのような機能を見抜いて、出身大学を就職希望者のスクリーニングに使ってきました。

## ＡＩで代替できる人材を養成してきた教育

けれども、ＡＩが労働市場に参入すると、これまでの大学入試では人材のスクリーニングが機能しなくなる可能性が高いでしょう。そのことに人々は薄々気づき始めています。

たとえば、地元を離れて首都圏の私立大学に通う学生に対する親からの仕送りが１９９４

年ごろをピークに下がり続けているのです。可処分所得のピークが1997年なので仕方がないとも言えるのですが、その下がり方が激しい。

かつては、大学に進学すれば「出世」は担保されていました。高卒と大卒との生涯賃金の差を考えれば、多少無理をしても親は喜んで子どもを大学に送り出したものでした。しかし、現在はそうではない。大学や大学院を出ても非正規雇用に就かざるを得ない若者が少なくありません。たとえ正規雇用の職を得たとしても新卒採用の3年未満の転職率は3割に上ります。すでに、「大学に行かせる」ことは親にとってローリスク・ハイリターンの投資ではなくなっているのです。そうなると、「あなたの勝手で行くのだから、学費はアルバイトで稼ぎなさい」とか「奨学金を借りて、就職したら自分で返しなさい」という気持ちになることもわからなくはありません。

大学生を受け入れる側の企業から大学への声は年々厳しくなっています。端的に言えば「もっと使える人材を育成しろ」という声です。かつての日本企業は、大学に教育など期待していませんでした。90年代までは、大学入試できちんとスクリーニングさえしてくれれば、卒業後にわが社流の教育をするので余計なことはしなくてよい、とさえ言われました。ところが、突如手のひらを返したように大学の人材育成の内容に口を出すようになりました。なぜでしょうか。大学入試のスクリーニングだけでは、ほしい人材をさっぱり採れないと企業が実感しているからでしょう。ほしい人材とはどのような人材か。コミュニケーション能力とか、グローバル人材とか、クリエイティビティだとかいろいろ言われますが、結局のところ、ＩＴやＡＩでは代替不能な人材、意味がわかり、フレームに囚われない柔軟性があり、自ら考えて価値を生み出せるような人材ということでしょう。

ただ、それは、ないものねだりです。

「同義文判定」にしても「定義から具体例を考える」にしても、中学生の半数以上がサイコロ並みなのです。そして、高校に入った後は、その能力は伸びていないのです。１００人以上が教室に詰め込まれる大学の講義を通じて、どうしてそんな能力が向上し得るのでしょう。「鉄は熱いうちに打て」ではありませんが、重要なのは中学卒業までに中学校のどの科目の教科書も読むことができ、その内容がはっきりとイメージできるようなリアリティのある子どもに育てることです。

## ＡＩ導入過程で分断されるホワイトカラー

分断されるホワイトカラーを、ＡＩを導入する企業を例に考えてみます。

企業がＡＩを導入する際に最初になすべきことは、ＡＩに代替できる業務を見極めることです。その上で、ＡＩ代替可能な作業についてフレームを明確にし、その業務において何が正解で何が不正解かを定める必要があります。それは非常に高度な知的作業で、客観性とブレない判断力が求められます。ＡＩを導入するための仕事ですから当然のこととして、ＡＩには決して代替されず、そうした仕事ができる人材は大きな報酬を得ることになるでしょう。

次は「教師データ」の設計です。「教師データ」の重要性については第1章に詳述しました。この仕事は、アノテーション設計やオントロジー設計と呼ばれています。もちろん、高い報酬が期待できる仕事です。

ただし、最も知的で、最も観察眼と才能と、忍耐と誠実さが求められる仕事でありながら、現状では十分な対価が支払われていません。その理由は明確です。担い手の多くが女性だからです。

少し話が横道に逸れてしまいますが、ＡＩでは絶対に代替できない仕事の多くは、女性が担っている仕事です。介護しかり、子育てしかり。だって、そうでしょう。狩りをするのはＧＰＳと物体検出を搭載したドローンに代替させられるかもしれませんが、子育ては汎用ＡＩが登場したとしても、最後まで人間がすべき高度知的労働として残ります。けれども、男性社会は女性が担っているというだけの理由で、介護や育児やアノテーション設計のような知的な仕事の担い手に対して、十分な地位と対価を支払っていません。でも、まぁ、それもAIが広がるまでのことです。どの仕事が真に稀少かということは、非情なAIと自由経済の前では、明らかになっていかざるを得ないからです。

話を戻します。アノテーション設計やオントロジー設計が完成したら、それに基づいて、教師データを作ります。これは単純なものから複雑なものまでさまざまです。たとえば物体検出の教師データは、何が写っているかを示すラベルがついた画像ですから、そうした教師データを作成することは、視力に問題がなく、真面目に作業をする人であれば、誰にでもできます。このような教師データを作る作業では、当然、高い報酬は望めません。

さらに、このような仕事は、アマゾンやランサーズなどを通じて「クラウドソーシング」すると安上がりです。クラウドソーシングとは、ウェブを通じて、仕事の依頼者と請負者を結びつける仕組みです。顔も素性も知らない人に仕事を依頼するのは随分危ういことのように思えますが、不真面目な請負者や能力が不足している人を淘汰するために、請負者を評価する精緻な仕組みが設計されています。いい加減な仕事をすると、単価が下がったり仕事を依頼されなくなったりして、労働市場から追い出されます。また、依頼者は、請負者の能力や他の仕事での評価を見比べつつ、最もリーズナブルな値段で作業をしてくれる人を見つけることができます。

クラウドソーシングという仕組みに先鞭をつけたのは、アマゾンです。2005年から「メカニカルタルク」という、人間の知能とコンピュータープログラムを「組み合わせ」て、コンピューターだけでは不可能な仕事を処理するウェブサービスを開始しています。メカニカルタルクというのは「機械仕掛けのトルコ人」という意味ですが、もともとは、ハンガリー生まれの発明家が18世紀に作ったチェス対戦ロボットの名前でした。ヨーロッパを巡回して、かのナポレオンやベンジャミン・フランクリンとも対戦して勝利しましたが、後になって、実際にはロボットではなく、中にチェスの達人が入っていたことがばれてしまったそうです。

仕事の請負者は世界中のどこにいても構いません。最低賃金というルールすら気にする必要もありません。途上国の請負者は、日本では考えられないような報酬で作業を引き受け、アマゾンは仲介手数料で利益を上げています。

単純な教師データの作成のような業務は低賃金のレベルを通り越し、日本のような人件費が高い国では、そもそも仕事として成立しません。つまり、仕事がなくなるのです。AIを導入する過程を考えると、求められる労働は、高度で知的な労働だけで、単純な労働は賃金の安い国に移動してしまうため、高度な仕事ができない人には仕事がなくなってしまうことがわかります。ホワイトカラーは分断されるどころか、その大半が職を失う危険性があるのです。

# 企業が消えていく

## ショールーミング現象

ＡＩ社会では、ホワイトカラーが分断されるだけではなく、企業が淘汰される危険も大きいと想像できます。

第1章でご紹介したように、基本的には、ＡＩはあらかじめ設定された枠組み（フレーム）の中で、人間が与えた正解（教師データ）に基づいて分類問題や検索問題を解くことと、人間が設定した基準に沿って膨大な数の試行錯誤をシミュレーションなどで行い、強化学習を経て最適化をすることしかできません。例外的に、教師データを用いない「教師なし機械学習」の試みがあります。コストなどの理由、あるいは人間も正解が何かわからないような場合、とりあえず手持ちのデータを機械学習にかけて、大雑把に分類（クラスタリング）したら何かがわかるかもしれない、というときによく使われます。けれども、それではさすがに製造物責任は負えません。

現在の技術の延長線上にある近未来ＡＩには人間の常識はわからないし、文章の意味もわからないし、人の気持ちもわかりません。表情や声のトーンのデータに「喜怒哀楽」のラベルをつけ、それを教師データとして用いることで、喜怒哀楽に分類することくらいはできるようになるかもしれませんが、それが限界です。

ですから、ＡＩがまったく新しいアイデアに基づいて自らベンチャー企業を設立することはできませんし、そのベンチャーが成功するかどうか、貸したお金が返ってくるかどうかの与信審査をすることもできません。担保主義の個人ローンの与信審査はできても、窓口で個別の問い合わせに答え、問題を解決することはできません。ＭＲＩ画像から動脈瘤があるかどうかを専門家以上の精度で判定できても、それを取り除く外科手術はできません。ＡＩにできるのは、基本的に生産効率を上げることだけで、新しいサービスを生み出したり問題を解決したりはできないのです（ただし、白内障の手術など定型的な手術はロボットで代替できる可能性はあります）。

高々そんなことしかできないＡＩが導入されることで、なぜ経済や労働市場に破壊的な影響を及ぼし得るのでしょうか。

それを理解するには、3つの経済用語を理解する必要があります。

1つ目は「一物一価」です。「自由な市場経済において同一の市場の同一時点における同一の商品は同一の価格である」が成り立つという経験則です。自由な市場では、同じ性能の冷蔵庫は、札幌でも銀座でも、商店街の電器屋でも、大型家電量販店でも、同じ値段になるはずだということです。

2つ目は「情報の非対称性」です。「売り手」と「買い手」の間において、「売り手」のみに専門知識と情報があって、「買い手」はそれを知らないというように、双方で情報と知識の共有ができていない状態のことを指します。中古車市場がよく例に挙げられます。見た目は似ていても、片方は週末しか運転されていない無事故の車、もう一方は走行距離が30万キロ以上の事故車では、断然、前者のほうに価値がある。けれども、買い手に自動車についての知識がまったくなければ、色が好きといったような理由で、うっかり後者を買ってしまったりする。ネットオークションでも情報の非対称性によるトラブルはよく起きます。

3つ目は「需要と供給が一致したところで価格は決定される」ということです。どれも、経済学の教科書の冒頭に書いてある概念です。

一方、デジタルとは「同時に多数の人々が情報を共有するための仕組み」です。

さて、ここからが話のポイントです。デジタル社会では、買い手と売り手の情報の非対称性が修正されるため、デジタル化される以前の市場に比べ、一物一価が達成される速度が速いのです。代表的な例が、価格ドットコムや楽天などが採用している、「最安値」を表示する機能です。特定の商品について、現在、どのお店が最安値で販売しているかがすぐにわかります。

かつては、家電量販店のチラシを見比べたり、量販店をはしごして安い商品を見つけたりしていました。けれども、それは自分の足で、あまり交通費をかけずに回れる範囲に限られていました。今やスマートフォンを使えば、日本中の店で、場合によっては世界中の店で、どの店が最安値で販売しているかがすぐにわかります。スマートフォンの普及は、消費者の消費行動を変えました。大型家電量販店に行って販売員から商品の説明を受けて購入する商品をまず決める。その店では購入せずに、スマートフォンで最安値の店を探して、通信販売でその店から購入する。当然ですが、そういう消費者が増えています。こうした状況が続けば、販売店は最安値の店の販売価格に対抗せざるを得なくなります。ですから、一物一価に辿り着く時間が短縮されるわけです。

一方、このような状況では、駅前に店舗を構え、専門知識を持った販売員を雇用している販売店はたまったものではありません。その現象を「ショールーミング」と言い、2017年9月に米トイザらスが破産した一因とも言われています。トイザらスで子どもにおもちゃを選ばせて、配送料無料のアマゾンで最安値の商品を購入する人が後を絶たなかったからです。

経済学者は、完全に自由な市場を理想とし、情報の非対称性や市場の独占を目の敵にしますが、実は、ショールームを確保しておくためのコスト、新しい技術を生み出すための研究開発費、商品の品質や安全を保証するための品質管理費などの費用は、まさに情報の非対称性や市場の独占によって、捻出されていた側面があります。

デジタルによる冷徹な価格比較と最適化による「一物一価」「需給の一致点での価格決定」達成の影響は、家電に留まりません。ホテルや航空運賃の値下げ競争により、多くの老舗ホテルや航空会社が破綻に追い込まれました。ペイパルの創業者ピーター・ティールは著書『ゼロ・トゥ・ワン』で指摘しています。

「アメリカの航空会社は数百万人の乗客を運び、金額にすると毎年数千億ドルもの価値を創造している。でも、2012年には、平均の片道運賃178ドルのうち、航空会社の取り分はわずか37セントだった。グーグルの創造する価値はそれより少ないけれど、自社の取り分ははるかに多い。2012年、グーグルは500億ドルを売り上げ（航空会社は

1600億ドルを売り上げている)、その21パーセントを利益として計上している。それは、同じ年に航空業界が上げた利益率の100倍以上にもなる。」

## AI導入で淘汰される企業

価格あるいは評判などの数値データについては、デジタル化によって瞬時に比較可能になりました。そのことだけでもすでにこれだけの影響を及ぼしています。

そこにAIの登場です。

今はまだ「自ら検索し、情報を読み取り、比較できる賢い消費者」だけが、情報の非対称性を見破り最適化しているだけですが、AIに任せると「誰もが」そうできるようになります。そうなると、ほんの僅かな無駄なコストが企業にとって命取りになります。

たとえば、海外送金手数料や、車のローンの金利です。今はまだ、多くの人は口座のある銀行の、あるいは自動車販売会社の言い値で支払っているのではないでしょうか。けれど、疑問を持った経験がある方もおられるかもしれません。たとえば、海外旅行で成田から出国するときです。円をドルやユーロに両替するのに、どうしてこんなに手数料を払わなければならないのだろう。なぜ、指定の書類にボールペンで記入して、窓口でやりとりして、後ろに座っている課長さんらしき人が書類にハンコを押さないと、換金できないのだろう……。

処方箋薬局で薬を購入すると、領収証に「調剤技術料」や「薬学管理料」という欄があります。その代金は、薬そのものの値段である薬剤料と同じくらいの値段である場合もあります。調剤技術料は、薬剤師が処方箋の指示に従って処方薬を調剤する作業に対して支払われる対価ですが、多くの薬は錠剤で、その場で調剤されるわけではありません。薬学管理料は、おくすり手帳や投薬記録をもとに副作用が起こりやすい飲み合わせになっていないかチェックしたりとか、ジェネリック薬の存在を教えてくれたりといった指導に対して支払われる報酬です。

けれども、おくすり手帳などで薬剤師が管理するかわりに、保険証をＩＣカードにして投薬履歴を管理し、ＡＩが薬の副作用の可能性をチェックしたり、ジェネリック薬の有無の情報を提供したりするシステムにしたほうが確実で、しかも、手数料は不要です。ドラッグストアの店頭で、保険証を入れると処方された薬が出てきたり、ＡＩが「今回Ａ医院で処方された薬は、先週Ｂ医院で処方されたＸ薬と同時に服用すると、副作用が出る可能性があります。出力された薬剤管理票を持って、Ａ医院の先生にご相談ください」と指摘したりするほうがかえって安全なのではないでしょうか。

フロリダのディズニーワールドでは、提携したホテルにチェックインするときにIC機能付きのマジックバンドと呼ばれる腕輪をします。その後は、ディズニーワールド園内のアトラクションから飲食まで、すべてキャッシュレスです。位置確認も行い、アトラクションに乗っているところの写真撮影もしてくれます。イベントの予約から1日ごとのスケジュール管理までしてくれるそうです。ロンドンではバスはすでにキャッシュレスです。もし、日本の交通機関がすべてキャッシュレスになったなら、あるいは切符そのものがなくなったら、どれだけコストを減らすことができるでしょう。

コピー機にAIを導入すれば、人間が認識できない程度の色ムラを識別し、消耗品の交換時期や故障の予知ができるようになります。消耗品の発注は自動化され、メンテナンスを依頼する電話とその応対も不要になるでしょう。まさに、消費者と生産者との間の「情報の非対称性」によって利潤を得ていた営業という商慣習は、最適化に向かう市場の中では、消えていく職種かもしれません。その過程において、営業マンを抱えている必然性がなくなり、歩合制に移行する企業も増えていくことでしょう。

これからは、すべての企業がそういうことを考えなければならない。それがAIと人間が共に生きる時代の真の姿です。

AIにできない仕事＝AIプログラマーと考える人々はあまりに短絡的です。確かに、

ＡＩを導入し、動かすところまではＡＩプログラマーは必要です。しかし、ＡＩプログラマーはコスト削減を手伝う人々でしかなく、新しい仕事を生み出すわけではありません。繰り返しになりますが、ＡＩは自ら新しいものは生み出しません。単にコストを減らすのです。本来はＡＩにさせることによってコストを圧縮できるはずなのに、それをしなかった企業は、市場から退場することになります。そして、一物一価に収斂するまでの時間がどんどん短くなっていくのです。それがＡＩによって起こると考えられる、ディスラプティブな（破壊的な）社会変化です。この時代を乗り切れない企業は、破綻したり吸収されたりする前に、人間を苛酷に働かせたり、品質管理を疎かにしたりすることでＡＩに対抗しようとしがちになります。当然、職場はブラック化しやすくなり、不祥事が起きやすくなるはずです。

この事実を見ないふりをして、今のまま突き進むと、日本の企業の利潤率はさらに下がり、生産効率は上がらず、非正規雇用労働者が増え、格差が拡大し、一世帯当たり収入の中央値――平均値ではなく中央値です――は下がり続けます。そして、日本を代表する企業が一つ、また一つと消えていきます。

# そして、ＡＩ世界恐慌がやってくる

## ＡＩにできない仕事ができる人間がいない

近未来にＡＩに人間の仕事が代替される時代がやってきても、これまでのイノベーションがそうであったように、新たな仕事が生まれ、ＡＩで仕事を失った労働力は新しい産業に吸収されていくはずだ。人間と違って24時間働き続けられるＡＩにより生産性は向上し、経済は成長するはずだと楽観論も見られます。第1章で見てきたとおりです。

私は、第1章で「質的な違い」と述べました。それは、これまでのイノベーションは、それぞれが一部分の人々の仕事を奪っただけでしたが、ＡＩは勤労者の半数から仕事を奪ってしまうことが予測されている、という文脈からでした。

けれども、それだけではありません。もし、楽観論者の方々が言うように、ＡＩで仕事を失った人々を労働力として吸収する新しい産業が生まれるとして、それはどのような仕事でしょうか。もちろん、ＡＩにはできない仕事でなければなりません。新しい産業が生まれたとしても、その仕事がＡＩにできる仕事なら、失業者を労働力として吸収することにはならないからです。ですから、新しい産業が提供する仕事は、人間にしかできない仕事でなければなりません。

もしそんな産業が雨後の筍のように生まれたとしても、大きな問題が生じます。たとえそれが人間にしかできない仕事であったとしても、ＡＩで仕事をなくした失業者を吸収することができない可能性があるからです。

東ロボくんのチャレンジが明らかにしたことは、ＡＩはすでにＭＡＲＣＨの合格圏内の実力を身につけたということです。その序列は大学進学希望者の上位20％です。大学に進学しない人も含めると、序列はもっと上がるはずです。つまり、ＡＩにより仕事を失った人のうち、人間にしかできないタイプの知的労働に従事する能力を備えている人は、全体の20％に満たない可能性があるということです。

一方、私たちのＲＳＴの全国調査で明らかになったのは、日本人の決定的な教科書読解力の不足です。読解力こそ、ＡＩが最も苦手とする分野であることは、この本の中で再三述べてきました。しかし、残念なことに多くの人が、ＡＩに対して優位に立てるはずの読解力で、十分な能力を身につけていません。さらに、日本の教育が育てているのは、今もって、ＡＩによって代替される能力です。

こうした状況はどういう結末を招くことになるでしょうか。

## 私の未来予想図

私の未来予想図はこうです。

企業は人不足で頭を抱えているのに、社会には失業者が溢れている――。

折角、新しい産業が興っても、その担い手となる、ＡＩにはできない仕事ができる人材が不足するため、新しい産業は経済成長のエンジンとはならない。一方、ＡＩで仕事を失った人は、誰にでもできる低賃金の仕事に再就職するか、失業するかの二者択一を迫られる――。私には、そんな社会の姿がありありと目に浮かびます。そして、それは日本にだけ起こることではありません。多少のタイムラグはあるとしても、全世界で起こりうることです。

その後にやって来るのは、「ＡＩ恐慌」とでも呼ぶべき、世界的な大恐慌でしょう。それは、１９２９年のブラックサーズデーに端を発した世界大恐慌や、２００７年のサブプライムローン問題が引き金となりリーマンショックを引き起こした第二次世界恐慌とは比較にならない大恐慌になるのではないかと思います。そのストーリーだけは何とかして回避しなければなりません。

　それを回避するストーリーは、「奪われた職以上の職を、生み出す」以外にはないのです。しかも、それは一物一価に収斂する自由経済の原理に呑み込まれないような方法でなければなりません。

## 一筋の光明

　ベーシック・インカムという社会保障構想があります。産業革命が始まった18世紀後半からヨーロッパで議論されている構想です。大雑把に言ってしまうと、所得や資産に関係なく、全国民に生活に最低限必要な現金を支給する政策です。私の描いた未来予想図どおりになるとすれば、もはや、ベーシック・インカムを導入するしかないと、考えられた方もおられるかもしれません。実際、ＡＩ時代の社会保障政策として、ベーシック・インカムの導入を主張している人も少なくありません。

　けれども、それは早計だと、私は思います。

　一物一価と情報の非対称性、需給関係で価格が決まる経済理論については、前述のとおりです。けれども、それによって限りなく利潤がゼロになるまで戦わなくてはならないのは、自由競争、つまり、レッドオーシャンで戦う企業だけです。ピーター・ティールが『ゼロ・トゥ・ワン』で指摘しているとおり、競合者がいないブルーオーシャンで、需要のほうが供給を上回るように仕事をしていけば、その危機は回避できます。

そんなことができるのか？　そんなことができるのは、フェイスブックやグーグルの創業者のような天才だけなのではないか？――。いいえ、そんなことはまったくありません。と、あえて申し上げたいと思います。光明はあるはずなのです。

私が今、一番可能性を感じているのは、80年代に一世を風靡したコピーライターである糸井重里さんが実践している「ほぼ日刊イトイ新聞（ほぼ日）」という「商い」の在り方です。「ほぼ日」は日々大勢が閲覧するウェブサイトであるにもかかわらず、広告で稼いでいるわけではありません。「ほぼ日手帳」という手帳の他、手仕事で作った洋服やセーター、本などを販売しています。

興味深いことに、売られている多くの商品、特に衣料品には「在庫なし」の商品が散見されます。つまり、すぐに売り切れてしまうくらい少量しか生産しない、あるいは生産できないため、需要がいつも供給を上回っているのです。そして、類似品がありません。「セーターなんて他にいくらでも安いものがあるじゃないか」とおっしゃるかもしれません。でも、違うのです。「ほぼ日」の商品にはすべてストーリーがあります。魅力的な作り手の人柄、なぜその商品が「そこに在るのか」、そのストーリーに消費者は魅かれるのです。

「ほぼ日」でセーターやブラウス、「穴かがり」をストーリー付きの商品として販売しておられる方々は、好きなモノづくりをして、大金は稼いでいないとしても、楽しく、人間らしく、誇りをもって生活できているはずです。そこにあるのは、経済学者たちが常に論じている、競争が行きついた先の理想的な自由経済ではありません。需要が供給を微妙に上回っていて、同じものが他に存在しないために、ある種の「独占」が起こっている新しい時代のマーケットの姿です。

一方、同じ製品を大量に作るタイプのモノづくりは、ＡＩの登場により、さらなるコスト削減を迫られます。それでも利潤率はゼロに限りなく近づいていくはずです。私の個人的な意見ではありません。経済学のすべての教科書に書かれていることです。しかも、その速度はどんどん加速する。それがデジタルの、そしてＡＩの凄まじさです。

「ほぼ日」がメディアなのか、モノづくりなのか、営業なのか、何なのか、よくわかりません。たぶん、「総務」とか「会計」とか「商品開発」のように名刺を見たら何をしているのかわかるような仕事は、何をしているかわかるが故に、ＡＩに代替されやすく、先細って行くと思われます。けれども、「何の仕事とははっきりは言えないけれども、人間らしい仕事」は、ＡＩに代替されることなく、残っていくのです。

「でも、糸井重里は天才じゃないか。糸井重里しか生き残らないとしたら、どうやって一億人が食べていくんだ」――。

そんな反論が聞こえてきます。でも、大丈夫です。似たような例はこの十年間に沢山生まれています。

たとえば、汚部屋整理コンサルタントなんてどうでしょう。散らかった部屋に行って、どうして散らかってしまうのか相談に乗りながら一緒に片づけてくれたり、整理の仕方を教えてくれたりする仕事です。遺品整理も20世紀には聞いたことのない商売でした。どちらも個別具体的な問題解決が求められますから、ＡＩにもロボットにも代替できません。

先日友人に教えてもらった、「高学歴高収入女性専門の婚活支援」という仕事も興味深いものでした。日本の男性は、どういうわけか自分より学歴と年収と年齢が低い女性と結婚したがります。自分のほうが学歴と年収が低いと、相手に対して卑屈になってしまいがちなのだそうです。けれども、東大、京大といった最高学府でも、女子学生の率は年々高まっています。高学歴かつ高収入であるためになかなか結婚できない女性が存在していいます。高学歴高収入という本来魅力的であるはずの女性に、家事や育児をフェアにシェアすることができる程度に生活能力があり、一文にもならない男の沽券（こけん）には執着がなく、普通にコミュニケーションがとれる真っ当な男性を探してあげるという婚活支援というコンセプトに「なるほど！」と、ひざを打ちました。

シェアリングも20世紀には聞いたことのない言葉です。私は20代の6年間を、アメリカの片田舎で学生として過ごしました。その町では、アパートは基本的にシェアリングを前提として建てられていました。4LDKのアパートの4つの隅に、独立した部屋があり、中央にリビング、入口から入ってすぐのところにカウンター付きの大きなキッチンがある、という作りです。部屋と部屋の間にバス・トイレがあるので、ルームメイトが音楽をかけたり恋人を呼んだりしても、気になることはありませんでした。家電や家具はついていて、アパートの地下にはコインランドリーがあって10台ぐらい洗濯機が並んでいます。そういうアパートに、他人同士が同居するのです。友達同士で住むとは限らず、友達の友達に声をかけたり、チラシや新聞で同居人を募集したりしていました。今なら、信用でき、共同生活する上で守るべきルールについて価値観を共有できるルームメイトを見つけるための専用サイトがアメリカにはあることでしょう。なかったら、すぐに作るべきです。必ず儲かります。一方、日本のアパートには一人で住むか、家族で住むかの二択しかありません。家族以外の複数人が一緒に暮らすというと家主は嫌な顔をします。結婚を前提に同棲する恋人でもいなければ、どんなに貧乏でも一人で部屋を借りて、冷蔵庫や電子レンジ、洗濯機やテレビのような家電やベッドを一とおり揃えなければなりません。あまりに不合理です。一方で、不合理が存在する、ということは、ビジネスチャンスがあるということです。シェアリングを前提としたアパートを建築して経営してみる、というのは一つの有望なブルーオーシャンだと思いますし、すでにそうしたビジネスを始めた人たちもいます。

それでもまだあなたは言うかもしれません。「そんなのは絵空事だ。労働の半分が機械代替されるのに、それを吸収するほどの新しい仕事が生まれるわけない」と。そんなはずはない、と私は思います。なぜか。だって、私たちは70年前の第二次大戦後にまさにそれに似た状況を乗り越えた経験があるからです。焼け野原になり、仕事の主たる担い手だった壮年男子が数多戦死しました。財閥が解体され、農地が解放され、拠るべき処を失くして、どうなったでしょう。数え切れないほど多くの「リアルな」商売が大量に生まれました。ソニーもホンダもその中に含まれます。

重要なのは柔軟になることです。人間らしく、そして生き物らしく柔軟になる。そして、AIが得意な暗記や計算に逃げずに、意味を考えることです。生活の中で、不便に感じていることや困っていることを探すのです。

もちろん、その不便や困っていることが、自分一人だけのことであれば、それはビジネスになりません。「こういうサービスが欲しかった」「ちょうど困っていたのよ!」という人がそれなりにいて、初めて商売は成立します。そういう意味で、これからの時代に起業するのに有利なのは男性よりも女性だろうと思います。一般に、男性よりも女性のほうが困っていることが多く、しかも他者との共感能力が高いからです。

起業するハードルは、かつてなく低くなっています。ネットさえ通じていれば、オフィスは自宅、会計と総務はソフトウェアに任せ、ホームページ作成はクラウドにアウトソーシングすれば済む時代です。あとは、銀行が、AIに取って代わられる担保主義による与信審査ではなく、そのサービスの需要を正しく判断し、必要があればアドバイスをして、お金を貸すことができるかどうかです。ベンチャーの与信審査と支援こそが、未来の銀行がなすべき仕事です。

失敗することはあるでしょう。そのときに重要なのは、まずは読解力です。仕事を変える際にまず必要になるのは、新しい仕事に素早く慣れるために、これまで自分が読んだことがないようなドキュメントを読みこなすことだからです。

私は、2017年7月、RSTを提供するための社団法人「教育のための科学研究所」を起業しました。リーディングスキルテストで中高校生の読解力を診断する体制を作るのが第一の理由です。さらに、入試が多様化した大学において入学後の授業についていけるかどうかをチェックする手段として、また、十分に読解力がある人材を企業が採用するための手段として活用していただくことも目標です。そして、起業したなによりの理由は、多くの人が、そのことに困っていることを知ったからです。

ＡＩ時代の先行きに不安を感じ、起業に関心のある方は、是非、世の中の「困ったこと」を見つけてください。そして、できない理由を探す前に、どうやったらその「困ったこと」を解決できるかを考えてください。デジタルとＡＩが味方にいます。小さくても、需要が供給を上回るビジネスを見つけることができたら、ＡＩ時代を生き残ることができます。そして、そのようなビジネスが増えていけば、日本も世界も、ＡＩ大恐慌を迎えることなく、生き延びることができるでしょう。

私たちが、人間にしかできないことを考え、実行に移していくことが、私たちが生き延びる唯一の道なのです。

# おわりに

ところで、2017年のTEDのハイライトは(第266代ローマ教皇フランシスコのビデオメッセージを除くと)YOLOのジョセフ・レドモンでも、Siriのトム・グルーバーでも、イーロン・マスクでも、大きなお腹を抱えて登場したセリーナ・ウィリアムズでもなく、「ビッグデータを盲信する時代に終止符を」のタイトルで講演をしたキャシー・オニールでしょう。

キャシーは、全米で最も入学が難しい大学の一つカリフォルニア大バークレー校の数学科を卒業後、ハーバード大学大学院数学科に進学しました。抜きん出た数学的頭脳を持つ彼女は博士号を取得し、MITなどで教鞭を執った後、ウォール街に転職。データサイエンティストとして活躍しました。あのリーマンショックまでは。

リーマンショックの混乱の中で、彼女はデータサイエンスという分野そのものに疑問を持つようになったといいます。そして、「客観的で人間より正確」と信じられてきたビッグデータ上のデータサイエンスの「欺瞞と危険性」と戦う特定非営利活動法人を立ち上げたのです。

欧米ではすでに、さまざまなところでビッグデータが人間の価値を測るために導入されています。自動車保険や生命保険の保険料、就職活動で面接まで辿り着けるか否か、教員の解雇の基準、さらには容疑者が再犯をしそうかどうかまで、ビッグデータ解析が使われ、人間の判断の「支援」をしています。それは数学に基づく「客観的な評価」だと信じられています。ですから、多くの人は、機械による統計的な判断に疑問を持つことなく受け入れてしまいます。けれども、それは大変危険な行為です。

なぜでしょう。本書をここまで読んでくださった賢明な読者の方はもうおわかりですね？　ディープラーニングのような統計的なシステムでは、「教師データ」に基づき過去のデータを分析して判断しているに過ぎません。「過去の判断」を踏襲するだけなのです。社会が歪んでいれば、その歪みを増幅してしまう。教師データの設計者の価値観が正解データやアノテーションの設計に反映されてしまうのです。数学者に女性が少なければ、「将来つくべき仕事」として、ビッグデータに基づくＡＩは女子高校生に対して「数学者」という選択肢を決して推薦しないでしょう。

教師ありのディープラーニングにおいて、ＡＩは決して教師データの精度を超えることはできません。教師データの設計者が、悪意に満ちていれば、あるいは鈍感ならば、その悪意や鈍感さをＡＩは増幅していきます。そう、マイクロソフト社のチャットボット、Ｔａｙがナチズムを礼賛したように。

囲碁や将棋のように完全にルールが決まっているもの以外の対象にディープラーニングを導入するときに、「教師データを作る」ことは避けて通ることはできません。何が正しく、何に価値があるか、誰に価値があるか、それを人間がＡＩに教えてやる必要があるのです。その価値は民主的に決定されるわけではありません。あなたの知らないところで、あなたが知らない誰かが、勝手に決めているのです。

さて、「ロボットは東大に入れるか」、それに続く「リーディングスキルテスト」という、世界中のどこにも先行研究がないプロジェクトに、リスクを取って真剣に付き合ってくださった誠意と才能に溢れる多くのみなさんに感謝します。国立情報学研究所の前所長である坂内正夫先生と、前副所長の故・東倉洋一先生は、唐突かつ無謀とも言えるプロジェクトを私が思いつく度に、苦笑しつつも必ず後押ししてくださいました。心から御礼を申し上げます。私に振り回されながらも、信じて常にサポートしてくれる諸野絵里香さん、石山晴美さん、小林登紀子さん、そして家族に感謝します。本書の編集にあたっては、山崎豪敏さんと岩本宣明さんに大変お世話になりました。ありがとうございました。そして、何より、このような素晴らしい方たちとの出会いを、ちっぽけな私のために用意してくださった神様に感謝します。

さて、私が今目指していることは、「中学1年生全員にRSTを無償で提供し、読解の偏りや不足を科学的に診断することで、中学卒業までに全員が教科書を読めるようにして卒業させること」です。そのことで、最悪のシナリオを回避し、AIと共に働くことが不可避な2030年代に向けて、日本を「ソフトランディング」させたいのです。ですが、文部科学省が毎年実施している全国学力・学習状況調査に1学年分で約25億円かかっていることを考えると、「中学1年生RST全員無償」を実現するには元手が必要になります。

私はこの本の印税は1円も受け取らないことに決めました。2018年度からRSTを提供する社団法人「教育のための科学研究所」に全額が寄附されます。それを原資としてリーディングスキルテストのシステムを構築し、問題を作ることで、一人でも多くの中学1年生が無償でテストを受けられるようにします。

ただし、そこには条件があります。中学1年生が受検して、結果が戻ってくるだけでは、生徒たちの読解力は向上しません。生徒たちの多くは結果を一瞬眺めた後、丸めて捨ててしまうでしょうから（私やあなたが中学生だったとき、テストの結果にそうしたように）。重要なのは、先生方であり保護者のみなさんです。戸田市の事例からもわかるように、一人ひとりの生徒の読解力を把握するとともに、先生方が自ら有償版のＲＳＴを受検し、「なぜ生徒がつまずくのか」「どうすれば読めるようになるのか」をＰＴＡや学校が、そして教育委員会全体で考えたときに初めて効果が出るのです。ですから、そういう態勢を整えた教育委員会から優先的に、中学1年生に対してＲＳＴを無償で提供したいと考えています。

それでもなお、資金が足りないでしょう。けれども、きっとリーディングスキルは中学生だけでなく、高校生や大学生、そして社会人にも必要な能力です。多くの方が受検してくださることを期待しています。

一緒に、幸せな２０３０年を迎えましょう。

【著者紹介】

**新井紀子**（あらい　のりこ）

国立情報学研究所教授、同社会共有知研究センター長。

一般社団法人「教育のための科学研究所」代表理事・所長。

東京都出身。一橋大学法学部およびイリノイ大学数学科卒業、イリノイ大学5年一貫制大学院数学研究科単位取得退学（ABD）。東京工業大学より博士（理学）を取得。専門は数理論理学。

2011年より人工知能プロジェクト「ロボットは東大に入れるか」プロジェクトディレクタを務める。2016年より読解力を診断する「リーディングスキルテスト」の研究開発を主導。主著に『ハッピーになれる算数』『生き抜くための数学入門』（イースト・プレス）、『数学は言葉』（東京図書）、『コンピュータが仕事を奪う』（日本経済新聞出版社）などがある。

AI vs. 教科書が読めない子どもたち

2018年2月15日　第1刷発行
2019年6月21日　第13刷発行

著　者――新井紀子
発行者――駒橋憲一
発行所――東洋経済新報社
〒103-8345　東京都中央区日本橋本石町 1-2-1
電話＝東洋経済コールセンター　03(5605)7021
https://toyokeizai.net/

装　丁…………橋爪朋世
D T P…………アイランドコレクション
印　刷…………ベクトル印刷
製　本…………ナショナル製本
編集協力………岩本宣明
編集担当………永濱詩朗

 Printed in Japan　ISBN 978-4-492-76239-4